はじめに

私が精神障害者とかかわるきっかけになったのは、「北海道生活と健康を守る会」という民間の福祉団体で生活相談員として、人々の困りごとなどの相談を日々受けるなかで、精神障害者の方々と触れることになったことです。それは自民党政府が1981年に福祉・社会保障に全面的な攻撃をかけてきた、あの第二次臨調「行革」路線が日本全国に吹き荒れはじめた年でした。

折しもそれは「障害者の人権保障」を基本とした「国際障害者年」の始まりの年でもありました。それまで遅れていた精神障害者に対する施策と人権の保障を求めて、「私たちも人間です。その生きる権利を保障してください」との願いを精神障害者自身が訴え、そして、精神障害者と健常者が一緒になっての自治体や国に向けて粘り強い運動が始まり、急速に広がっていきました。

その運動の成果が、社会復帰のための共同作業所をはじめ、グループホーム、働くきっかけをつくる社会適応訓練事業（職親事業）などの施策の充実となりました。そして、多くの精神障害者が地域で暮らせるようになってきた時代の始まりだったような気がします。

しかし、実態はまだまだ深刻で、家族から疎外されたり、地域での理解が得られないため10年も15年も「精神病院」に入院していたりする人も少なくありませんでした。

1981年の国際障害者年に、「地域の中で暮らしたい」と願う精神障害者の人たちの声をとり上げて、北海道立精神衛生センターで黒田知篤先生をはじめ、安達克己先生などがかかわって、社会復帰学級を立ち上げました。現在はお二人の先生とも亡くなられてしまいましたが、その学級の卒業生だった横式多美子（現・山崎多美子。以下、多美子）さんら4人の精神障害者でつくったのが「すみれ会」でした。そこに集まる会員が次々と増えていき、今まで埋もれていた精神障害者の生活相談が多く寄せられるようになりました。そのようななかで、私たちとのかかわりが大きく広がっていきました。

そして、1981年に「障害者の生活と権利を守る全国連絡会」に加盟する北海道の会「障害者の生活と権利を守る北海道連絡協議会」（以下、障道協）が結成されました。大通公園で開かれた集会にはマスコミも多数詰め掛け、今まで「見えなかった」精神障害者の人たちが次々と集まってきました。この障道協ができたことで、「障害者である前に人間として見てほしい」との精神障害者の要求が際立って多くあることが明らかになり、それを基にして札幌市や道庁との交渉が始まったのです。

その要求の一つに、「病院を退院した後、地域で暮らしたい。だから共同住居をつくってほしい」がありました。その要求は徐々に広がっていき、北海道に「共同住居」助成制度がつくられていきました。

その後、1992年から10年間、筆者細川が障道協の会長として障害を持った人たちにかかわるなかで、細川自身が後に精神障害者を中心とした社会資源と言われる入所施設を運営することにつながっていったのです。

2018年8月

細川　久美子

もくじ

第3章　貧困からの解放・生存権保障の運動へ

第1章

差別されし者の願いにこたえて

――生活相談、そして、精神障害者の居場所づくりに

国際障害者年と「障害者の生活と権利を守る北海道連絡協議会」の結成

1981年に結成された「障害者の生活と権利を守る北海道連絡協議会」（以下、障道協）は、「障害者の生活と権利を守る全国連絡会」（以下、障全協）に加盟し、特に遅れている精神障害者の施策を全国的な運動にしていくために貢献してきましたし、今日でも精神障害者の交通費助成の差別などを解消するために先頭に立って奮闘しています。

結成当時の会長は精神科医の三浦彌先生でしたが、その後に独立したクリニックが多忙のために会長を退くこととなりました。そして、障害児教育の小学校の教師だった神原義朗さんが早期退職をし、二代目会長となり、障害者運動に全力を注いでくれました。ところが神原さんが60歳を過ぎて病気になり、運動ができなくなったことで、細川が1992年から10年間、会長に選任されました。その活動のなかで細川は、障害者がたくさんの差別の中で暮らしており、またことさら精神障害者が人間らしく生きていられないことを知ることとなりました。

国際障害者年の10年間では、「障害者のノーマライゼーション」という言葉が社会や国の施策に位置付けられてきたと言えます。しかし、それでも精神障害者の人権は、国や自治体に受け止められていないことを痛感する日々でした。このようななか入院している多くの精神障害者から、「退院して地域で暮らしたい」との願いが寄せられていました。

1996年2月におこなった障道協と札幌市の交渉の席で、「精神障害者が地域で暮らすための共同住居をたくさんつくってください」と、私たちは要求しました。札幌市は「補助金を出すので、ぜひ障道協でもつくってください」との回答でした。その回答に「じゃあ、つくりましょう」と答えたことがきっかけになって、その年の6月に精神障害者のグループホームづくりを決意しました。

共同住居立ち上げを決意

「自治体が補助金を出してくれると言うし、みんなの要求であるならそれを実現するのも障道協の役割」と思っていましたので、生活と健康を守る会の三浦誠一会長（現在、支援する会の理事長）に話を持ちかけました。ところが、「そんな簡単にできるものではない。先立つものがなければならないし、人手もいる」と、三浦会長からは何度も言われたのですが、そんな言葉を気にもしないで、「障害者の家づくり」に全力を注ぎました。三浦会長は言葉はきついですが、温かい人です。

こうして「精神障害者を支援する会」（以下、支援する会）を立ち上げて今年で23年目を迎えました。

結成当時、精神障害者が退院し、地域社会で暮らすための社会復帰事業として、札幌市の単独事業としての「共同住居事業」というのがありました。この事業を利用しての第1号が、1990年に立ち上げた「若樹荘」（最初は北海道の事業からの助成）でした。

この「若樹荘」は、当事者をはじめ、病院のワーカーや地域の支援者たちがかかわってできた男性専用の共同住居でした。その後、病院がかかわってできたグループホームは何か所かありましたが、地域の中で暮らすという共同住居はなかったように思います。

また、札幌市の補助金は支給されるものの、実績が6か月程度なければならず、また補助金額も決して多くないためになかなか広がりができないこともあったと思います。

それでもそのような時代のなかで、国際障害者年が果たした意義はとても大きかったと思います。

当時の精神障害者を支援する事業の状況

1995年当時の全道に在住する精神障害者は、6万2000人（北海道保健所把握数）となっていました。精神障害者にかかわる部署は保健所管轄だったこともあり、精神障害者の数の把握は現在も北海道の保健所（札幌も含む）での人数把握の数字となっています。

病院退院後に「社会復帰を支援する場としての共同住居」として道や札幌市から助成を受けている共同住居は34か所（1995年3月末）でした。運営団体は家族の会などの民間の団体で、食事の提供も義務付けていなかったために、設置が簡単でした。

札幌市の共同住居は1995年から道に代わり、市の単独事業として助成されていました。助成額は年間、4〜5人で174万円、6〜7人で210万円、8〜9人で252万円だったために、かかわる支援員1人の身分保障もできないような額でした。それでも共同住居設置の要求は徐々に広がりつつありました。

また当時、精神障害者を支援する事業として、「精神障害者グループホーム事業」があり、補助金も高かったのですが、運営主体が市町村や医療法人などの非営利団体に限られており、給食が義務付けられていたため、この事業そのものも進んでおらず、共同住居の設置について言えば、助成金が少なく、支援者1人分の人件費にも事欠く状況でした。そのために、当事者や親の要求はありましたが、なかなか設置が進みませんでした。

そうした状況下での、1996年の共同住居「若根荘」の立ち上げは、精神障害者から待たれていた暮らしの場の実現でした。

共同住居「若根荘」ができたよ〜

１９９６年6月に「精神障害者を支援する会」を立ち上げました。道生連の事務所の近くの空いているアパートを貸すとの不動産会社からの連絡があり、渡りに船という思いで見に行きました。元武蔵野短期大学が学生寮として学生に貸していたアパートでした。

部屋数は11室、１階と2階にトイレもあります。そして何よりもうれしかったことは７万円という格安の家賃でした。そこを借りることにして、三浦誠一さんを説得し、運営委員会を立ち上げ、細川も運営委員になりました。

運営委員会６人の中には当事者にも入ってもらいました。そして、一番若い運営委員の人が学生時代に寄宿していた下宿の名前をもらって、「若根荘」と名付けました。

契約も済み、共同住居の名前も決まりましたが、古いアパートでしばらく使っていなかったためにひどく汚れていました。そのまま使用することは無理だということで、仕事の合間を見ては、一つひとつの部屋を丹念に掃除し、敷物を敷き、カーテンをかけました。それなりに住める部屋になりました。

しかし、札幌市の単独事業の共同住居を立ち上げるための補助金などは1円も出ませんし、運営の補助金もそれなりの実績がなければ決定されません。そこで、とあるボランティアサー

若根荘玄関（元短期大学の下宿だったアパートを借りてのグループホーム）

クルに声をかけ、日常生活で使う冷蔵庫やガスレンジ、食器戸棚などを寄付してもらいました。生活できる品物を何とかそろえ、みんなが暮らせるようになるまで4か月もかかってしまいました。

それでも当座の家賃など運営費はそれなりに必要で、借金をしての開設となりました。当時の細川は道生連の専従として働いていたため、ボランティアの人たちと日夜通っては住まいづくりに力を費やし、手づくりのリーフレットを持って病院などを訪問して協力を仰ぎ、10月1日、ようやく開設にこぎつけました。

美樹ちゃんがやってきた

入居第1号は、19歳の美樹ちゃんです。

美樹ちゃんが北海道女性援助センターの職員に付き添われてやってきたのはその年1996年9月下旬のことでした。私の顔をじっと見るだけで、にこりともせずに、ただただ座っているだけでした。それでも若根荘を訪れる前から入居することを決めていたようです。

10月1日、美樹ちゃんは若根荘の住人となりました。たった一人の入居だったために、スタッフとなった現在、社会福祉法人札幌南勤労者医療福祉協会副部長として勤務しており、支援する会の監事の吉田陽子さんと、統合失調症でボランティアの美っちゃん（堀田美千子さん）、そして細川の3人が毎日交代で泊まり込みながら、若根荘での生活が始まりました。

後で述べますが、その頃の細川は、精神疾患によって育てることができなくなった母子家庭の子どもを預かって育てていたので、この時期4歳になった子どもも一緒に泊まり込みをし、朝、保育園へ送ってから仕事をするという暮らしをしていました。

10月9日は、美樹ちゃんが20歳の誕生日を迎えた日です。道生連の事務所で、みんなで「おめでとう」と大きなケーキでお祝いをして、切り分けたケーキを食べながら美樹ちゃんは初めて笑顔を見せました。その日から私たちは、美樹ちゃんのお父さん、お母さん、お姉さんと呼ばれ、若根荘に笑い声がはじけていったのです。

美樹ちゃんは、幼児の頃に両親が離婚、お父さんとお兄ちゃんと3人で石川県で暮らしていたのですが、北海道赤平市に住んでいた父方のおばあちゃんの所へ、追われるように移り住んできたそうです。

赤平に移り住んで間もなく父と兄は、美樹ちゃんに何も言わずどこかへ行ってしまいました。美樹ちゃんが15歳の秋でした。以来、美樹ちゃんは、中学校もほとんど行けず、道東の温泉のホテルで働くようになったそうです。しかし、人との付き合い方もろくに知らないで育ってきたためか、無理に笑顔をつくる半面、心が次第に病に侵されはじめ、ついに網走の精神科病院に入院することになりました。その後、北海道女性援助センターへの入所となりました。

女性援助センターの担当者は、そんな美樹ちゃんが安心して暮らせる住まいを探しており、その援助センターからの相談で、若根荘に入所することとなったのです。

とてもさびしがり屋の美樹ちゃんでしたが、次第に明るくなり、細川の娘とも姉妹のように仲良くなって、実の家族のような日々を長く送ることとなりました。

男勝りの愛ちゃんの入居とストーブ闘争

10月の中旬に、60代の愛ちゃんが入居してきました。愛ちゃんは今までひとり暮らしをしていたのですが、「荷物の中にネズミが棲みついてどうすることもできなくなった。何とかしてほしい」と嘆き、とても地域で面倒が見られないと白石区の生活と健康を守る会から連絡がありました。そこで、本人の意思確認もおこなって転居してきました。

荷物の中には、大小さまざまな消臭剤が山のように入っており、この消臭剤をどう取り出すかが課題となりました。とにかくこの妄想を消してもらうことが先決だと、今までかかったこともない精神科受診から始まりました。

愛ちゃんは、髪は男性スタイルのカットで決め、常に男性のような服装に身を包み、さっそうと歩く姿はかっこよく、美樹ちゃんともすぐになじみました。

しかし、愛ちゃんは若根荘のボスになり、みんなに命令することをやめなかったために、入居者といざこざを起こすようになりました。こんなことに翻弄されるのは大変だということで、ひとり暮らしをする中で支援をすることになりました。

嬉しいことに、愛ちゃんは「福祉電話」を利用していたため、毎日決まった時間にコールがあり、安否確認をしてもらえます。

ある日、福祉電話の女性から「何度電話をかけても出てこないので心配です」と事務所に電話があり、急いで駆け付けてみると家の中で倒れていました。急いで救急車を呼んで病院に行ったところ、脳梗塞だと診断され、長期の入院で治療を受けたのですが、ひとり暮らしが無理になり、現在は老人施設で暮らしています。

この愛ちゃんが以前住んでいたアパートは備え付けのストーブでした。そのために転居時にストーブはありませんでした。白石保護課に「ストーブを支給してください」と申請をおこなったところ、却下されてしまいました。10月と言えば、もうストーブが必要な季節なのですが、却下されたために、ひとまず事務所の一室のストーブを外して貸すことにしました。

愛ちゃんは、知的障害を持っており、長期に生活保護を利用していたのですが、預貯金など全くなくストーブを購入することなどできないために、審査請求をおこなうことにしました。

これまで生活保護法第64条に従って「審査請求」をおこなうことはなかったために、やり方など全くと言っていいほどわかっていなかったために、道庁の保護課に聞きながら北海道知事あてに審査請求書を書き上げました。

審査請求書は「正」と「副」の2通が必要ということもこの時初めて知ったわけですが、三浦誠一さんと共に書き上げ、却下されてから60日以内に提出することができました。

以下のような審査請求書でした。

審査請求書（正）

北海道知事
堀　達也　殿

審査請求人
住所　札幌市西区〇〇〇〇〇〇〇
氏名　〇〇　愛子　　　印

審査請求代理人
住所　札幌市西区〇〇〇〇〇〇
氏名　細川　久美子　　　　印

平成8年10月25日に申請した生活保護の一時扶助暖房用具（ストーブ）の支給申請却下処分に対して不服ですので下記の通り審査請求いたします。

1　不服の趣旨と理由

①　不服の趣旨

保護変更（却下）通知書（札　白石保―第〇〇〇号）で行った申請却下の取り消しを求めます。

②　不服の理由

却下の理由として、暖房器具については、冬季生活需要費で賄うこととされています。但し、例外的に冬期間の新規開始、長期入院患者の退院時など、経常的な最低生活費では賄うことが出来ない場合に限っては、事情やむを得ないものとして支給できることとなっております。白石区福祉部長は「申請にあたって検討してきましたが、これらのいずれにも該当しませんので却下します」とありますが、審査請求人は今までガス暖房用のストーブが設置された部屋に入居していました。10月25日入居した部屋にはストーブがありません。単身・障害者世帯で暖房器具を購入する余裕はありません。ずっと最低生活をしてきたので蓄えることも出来ませんでした。しかもガス暖房は非常に料金がかかっていました。

生活保護の制度では、家具什器費は転居の場合であって、新旧住宅の設備の相違により、最低生活に必要な家具什器費を補てんしなければならない事情が認められるとき、支給して差し支えないとあります。また、家具什器費24000円ではストーブは買えません。真にやむを得ない事情の場合は、40000円の範囲内において、都道府県知事の承認を得た上、特別基準の設定があったものとして、家具什器費を支給して差し支えないこととありますので特別基準の支給も併せてお願いします。（後略）

2　処分を知った日

平成8年11月3日に文書にて郵送されてきました。

3　不服申し立ての有無

10月31日付保護（変更）却下通知書の決定について不服がある場合は、決定があった日の翌日から起算して60日以内に知事に審査請求をすることが出来ます。と示しています。

4　本件審査については行政不服審査法第25条の但し書きによる口頭意見陳述を求めます。

以上の申し立て（審査請求書）「正」「副」の２通と代理人の委任状、却下決定書を添付して１９９６年11月15日に提出しました。審査請求書を出すと処分庁の札幌市白石区保護課から弁明書が届き、その弁明書に対して反論書を提出します。それに基づいて北海道知事は判断するわけですが、道庁からの裁決書が１９９７年５月23日付で届きました。

開いてみると、裁決書の冒頭に「本件審査請求を認容する。札幌市白石区福祉部長が行った生活保護申請却下処分は、これを取り消す」と記されており、その採決の理由はＡ４判６ページにも及ぶものでした。その内容を要約すると、「臨時的生活費のうち、家具什器費については、被保護者が転居の場合であって、新旧住宅の設備の相違により、最低生活に直接必要な家具什器費を支給しなければならない事情が認められた」とのことです。

つまり、私たちの主張が、生活保護法に基づいて全面的に認められたのです。運動とはなんと面白いものか、とつくづく感じさせられた審査請求でした。

２０１７年４月から行政不服審査法が改正されました。行政不服審査法は「国民の権利利益の救済」と「行政の適正な運営確保」の２つを目的にしていますが、第１は、不服申し立ての種類の一元化です。旧法では不服申し立ての種類を処分庁や不作為庁であるか否かによって異義申し立てと審査請求に区分されていましたが、原則となる不服申し立てを「審査請求」に一元化しました。

第2は、審理員制度の導入です。審理の公正性・透明性を高めるために、処分に関与していないなど一定の要件を満たす「審理員」が審理手続きをおこなうことを法律上明確化しました。

第3に行政不服審査会などへの諮問手続きの導入です。審査請求についての採決の客観性・公平性を高めるために、個別の法令に基づき、他の第三者機関が関与する場合を除き、審査庁（審査請求の審理・採決をおこなう行政庁）が採決する際に、行政不服審査会などに諮問することを義務付け、第三者の立場から審査庁の採決の妥当性をチェックすることになりました。

新しい制度の下で、生活保護にかかわる審査請求をしたところ、処分庁からの弁明に対する反論、それを受けて再弁明が届き、それに対する再反論、さらに再々弁明が出され、その弁明に対しても反論し、最後に処分庁が同席のもと、審理員によって、口頭意見陳述の場が設けられ、その後に裁決書が出されてくるという仕組みの中で進められてきました。

私たちの訴えは勝利しましたが、生活保護に限らず、この制度を活用し、私たちの訴えを行政に判断させていく道が少し開かれたような気がしています。

北海道新聞に掲載。マスコミの威力に驚き

「共同住居をつくってほしい」という声は非常に大きかったのですが、なぜか「入居したい」という人はすぐにはやってきませんでした。思いもよりませんでした。若根荘の宣伝と入居する人の紹介をお願いする病院周りをしたものの、そう簡単に入居者の申し込みはありませんでした。

その頃、細川は生活相談員として、多くの相談を受けていました。そのようななか、生活に困った問題、夫の暴力により離婚したい問題、病気になったけど医療費がなくて病院にかかれなくなって困っている問題、などを抱えて行き場のない人たちを一時的に入居させていました。「共同住居若根荘」は立ち上がりましたが、翌年4月にならなければ札幌市の事業には結び付きません。一時の居住地として住むことができ、大いに助かった人たちでしたが、本来の目的である精神障害者でひとり暮らしができない人などにはなかなか遭遇せず、2人の入居者から増えない苛立ち、そして今後の方向が見い出せず、働きかけてきた病院からも連絡はなく、不安になる日々でした。

いずれにしても来年度に向けて入居者を募らなければならないために、当事者グループのすみれ会で知り合った北海道新聞の記者にお願いして、記事として取り上げてもらうことになり

ました。

2人の利用者とボランティアの美っちゃんの嬉しそうな写真が載った、「札幌に女性専用の住居ができたよ」との、6分の1の紙面を割いての報道は、驚くほどに効果がありました。問い合わせが次々とあり、新聞の威力に私たちは大いに驚かされました。

この頃からマスコミの方たちとのお付き合いが始まり、今でも親しくお付き合いをさせていただいている記者の方たちも少なくありません。その新聞記事のおかげで旭川や浦河、病院などからの入居の申し込みが次々とあり、若根荘は瞬く間ににぎやかになりました。

院長に付き添われて見学に来たやえちゃん。「やえちゃん、なかなかいいところだねぇ」との院長の一言で入居することが決まりました。また、3年間入院していた重ちゃんはお母さんに付き添われて見学。「グループホームで暮らすのなら退院ができる」と主治医から言われ、「ぜひとも入居したい」との言葉にお母さんも安心されたようでした。

やえちゃんは今も若根荘から元気に作業所に通所する毎日ですが、重ちゃんは退院ができず、病院に入院したままの生活の中で昨年亡くなったことを身内の方から知りました。

浦河の「べてるの家」から千代美ちゃんがやってきた

1997年2月のことでした。「若根荘を見学させてください」と、浦河から千代美ちゃんが突然やってきました。女性専用の住居と聞いていたので、札幌への買い物ついでに見てみたいという思いで、訪ねてきたのだとのことです。まだ、運営して間もない住居の部屋は空室があり、ひととおり見てから、ご飯を一緒に食べて、「すこし疲れたから休ませて」と道生連の会議室に布団を敷いて少し休んだ後、「帰ります」と浦河へ戻って行きました。

雪が解けてほとんどなくなった4月、千代美ちゃんが突然やってきて、「若根荘に入れてくださいと言います。「べてるの家には話してあるの」と、聞いたところ、何度かは止められたようですが、「どうしても札幌へ行きたい」と言ったら、誰も何も言わなくなったとのことです。

中途半端な話で勝手に「いらっしゃい」とも言えないので、浦河まで出向く約束をし、浦河日赤病院の精神科のケースワーカーだった向谷地生良さんに会う約束を取り付け、初めて北海道の南端で襟裳岬に近い町を訪ねました。浦河の街並みは、北欧のような家々が立ち並び、心和ませる風景の中、向谷地さんにお会いしました。

この「べてるの家」は全国的にも有名な当事者研究を徹底的におこなっており、当事者の方たちが心置きなく暮らしているようでした。

浦河での当事者研究が始まったのは2001年2月のことで、一人の当事者の出会いから始まったそうです。

「つらい症状や困った事態に遭遇したとき、自分の苦労を丸投げするようにして病院に駆け込み、医師やワーカーに相談していた日々とは違った風景が、そこからは見えてくる。それは浦河流に言うと『自分の苦労の主人公になる』という体験であり、幻覚や妄想などさまざまな不快な症状に隷属し翻弄されない状態に自分という人間の生きる足場を築き、生きる主体性を取り戻す作業とでも言える」（べてるの家の「当事者研究」）と向谷地さんは語っています。

「千代美ちゃんと何回か浦河で暮らすようにと話し合いましたが、『札幌へ行く』という気持ちが変わっていないようですので、よろしくお願いします」ということでした。

主治医にも会って、「何か気を付けることはないでしょうか」と尋ねたところ、「彼女の状態はとても重く、今までも入退院を繰り返しており、札幌へ行ってもすぐに入院することになるかもしれない」と言われました。その言葉を重く受け止め、それでも5月の連休に道生連の佐藤宏和事務局長にお願いし、三浦誠一さんと3人で迎えに行きました。

迎えに行くことを千代美ちゃんに伝え、「荷造りをしておいてね」と言っておいたのですが、部屋に入ると何一つ片付いておらず、炊飯器の中にはカサカサになったご飯がそのままでした。ごみ袋も段ボール箱もほとんどなく、休日だったためにごみ袋を買うこともできません。駆けずり回って、開いていたお店から段ボール箱を分けてもらい、何とか片付けました。持ち帰れないごみは、お隣に住んでいた日本共産党の町議の方にお願いしたところ、快く引き受けてくださいました。とても助かりました。

荷物を車に積んでいても誰ひとり手伝ってくれず、さよならをしてくれる人もなく、浦河からの千代美ちゃんの旅たちは、みんな快く思っていなかったようでした。

それでも元気よく出発できたのはなぜなのか、それは後々分かることでした。実の父を訪ねて秋田から出てきたものの、その父も亡くなって、そんななかで浦河から決別したかった…。それを知った時に細川は、千代美ちゃんの今まで生きてきた言いようのない重みを感じないではいられませんでした。

千代美ちゃんの病状は決して軽いものではありませんでした。時には「若根荘の周りにサリンがまかれているから、来てはだめだ」とか、「知らない人が部屋に入ってくるから警察に電話した」とか、人が変わったように大声を出すこともしばしばで、入退院を繰り返しながらの暮らしでした。

「私の居場所は若根荘」と言い続ける久美子さん

今年で若根荘に23年間住み続けている久美子さんも、北海道新聞に掲載された若根荘の記事を見てやってきたひとりです。離婚をして旭川の実家に戻っても心の隙間が埋まらないために酒にのめりこんでしまい、入退院を余儀なくされていました。そのようななかで、主治医も「グループホームで暮らすのなら退院できるだろう」ということで、お母さんがひとりでやってきました。一も二もなく、「入居させたい」ということで早速に手続きがとられ、後日、荷物と一緒に久美子さんがやってきたのは秋の夕暮時でした。
まずは荷物を部屋に入れ、寝るところだけを確保し、その日は休んでもらうことにしました。道生連の人たちに手伝ってもらい、何とか寝る場所を確保するほどの荷物の山だったことも、今では語り草となっています。

口数の少ない久美子さんは躁うつ病ということでした。2月に入ると起き上がれない日々を送り続けていました。そこから脱却するのに数か月もかかるという状態を繰り返す症状が数年続きました。そのうち早めの受診と治療によってそうした状態から脱却することができました。しかし、20年近くなった今日でも油断をするとその症状が起こり、うつ症状になります。このような現象は実に不思議なものです。

その久美子さんの両親もお兄さんも亡くなり、久美子さんは一人ぼっちになってしまったのですが、若根荘が自分の家だとしっかり位置づいており、今は何年間に1回の富良野にあるお墓に行くのが楽しみで、世話人と一緒に出掛けています。久美子さんにとって若根荘は終の棲家となっているようです。

最近は、日中週3日、地域活動支援センターに通所していますが、68歳になって少し歩くのがつらくなってきたようです。

当時から入居している人たちは「若根荘で最後まで安心して、平和に暮らしたい」と言います。その人たちも高齢化してきています。20年も一緒だとその気持ちも本物になってきているのが伝わってきます。そして、その中に新しい人たちも少しずつ溶け込んでいるようです。

7人の住居で2人の支援員を配置し、心に手が届く状態でグループホームの運営がなされてきていることも支援する会の特徴です。それは日中にダリアの郷支援センター（2001年開設。詳細は後述）に通所して何かあれば対応できる状態にあるからだと思っています。

しかし、高齢化してきている入居者が増え、動けなくなった時の対応について、どうしていくのか重大な課題です。多くの障害者のグループホームがそうであるように、支援する会のグループホームは、夜間に対応する世話人が配置されていません。精神病と高齢化に対応する問題をかかえています。高齢者問題として見ているだけでは精神障害者の「人間らしく生きる」権利を奪いかねません。国が真剣に考えて制度化していくように、私たちの運動が大事だと思う毎日です。

共同住居「若根荘」でのみんなの暮らし

精神障害者との付き合いは、1978年、道生連の専従となって間もなく、当事者である横式多美子（現在は山崎多美子）さんからの生活相談を通して始まりました。精神障害者のことを随分と学んだのですが、暮らしの中での初めての経験ばかりなので驚くことの連続でした。

街頭で自分の生きざまを訴える美っちゃん（若根荘立ち上げのときにボランティアとしてかかわってくれた）

それでも真剣に仲間の相談に奔走している横式さんの話を聞きながら少しでも実現の方向にという思いで行政に働きかけてきました。また、今はダリアの郷支援センターに通所しながら支援する会の近くでひとり暮らしをしている美っちゃんは、横式さんの後を継いで二代目のすみれ会会長となり、横式さんと共に精神障害者の人権を求める運動に参加していますが、細川はこの二人と共に今も一緒に歩いています。

彼らを通して精神障害者の人たちの思いや暮らしぶりを知ったのですが、若根荘を立ち上げた時には、美っちゃんにも一緒にかかわってもらいました。

若根荘での暮らしを通してさらに驚い

たのは暮らし始めて1年ほどたった頃、食事の支援をしてくれていた恵美子さんから電話がありました。

「ガステーブルが壊れているようで、火がつかないんですけど…」と。幸いに事務所の近くなので飛んで行ってみると、カチッ、カチッと音がするだけで火がつきません。その日の夕食は出来合いのもので過ごしてもらい、知り合いの電気屋さんに修理をお願いして、ようやくみんなが安心したこともありました。

ある時は、「瞬間湯沸かし器からお湯が出ないよ〜」と連絡がきたことがあります。「瞬間湯沸かし器はどうやって使っているの」とミーティングの時に聞くと、「ガスの元栓を開けて、スイッチをボンと押すでしょ?」と答えるのですが、そのボンが湯沸かし器を思いっきりたたいているとのことです。

また、ある時は、「トイレットペーパーが1日で5個もなくなってしまう」との話になりました。8人でこんなに使うとはどういうことなのか?と疑問を持ちながら、ミーティングで話を聞いてみると事情が分かりました。トイレットペーパーを割り箸に通して自分の使い方を示してもらったところ、カラカラ、カラカラ〜と10回ほど引っ張って使っていることが分かりました。一つひとつやり方を教えていかなければならなかったのでした。

また驚くことはそれだけではありませんでした。入居者らの利用料は、当時、部屋代2万2000円、光熱費8000円、共益費7000円と食事代が2万円でしたが、2か月毎の水道代の請求書を見て驚きました。なんと5万円を優に超えていたのです。

　細川家は6人で暮らしていましたが、1万3000円ほどです。5万円超の金額を見て、いったいどんな使い方をしているのかを聞いてみると、週2回の入浴時にほとんどの人がシャワーを1回1回止めずに出しっぱなしで使っていたり、洗濯もその日着替えた2、3枚を毎日洗濯していたなど、驚きの数々でした。一つひとつみんなで話し合いながら、暮らしを定着させていきました。

　ある時、お向かいのお宅の優しそうなおばあちゃんから、「お宅の人たち、桜（犬の名前）をかわいがってくれるのはうれしいんだけど、魚の骨など持ってきて食べさせてくれるんです…。でも家はドッグフードなので…」と困った顔でお小言をいただきました。「すみません、止めさせますから…」と謝り、みんなに聞いたところ、魚好きの久美子さんがやっていたことが分かりました。犬に食べ物をあげてはだめなことを話し、約束をさせるなど、地域での生き方をひとつひとつ覚えていってもらう毎日の連続でした。

　そして当時、地域の民生委員が時々訪問してくれ、お盆には住居の裏の公園での盆踊りにみんなで参加するなど、地域の人たちと打ち解けていきました。

　若根荘の入居者は1人を除いて帰る家のない人ばかりでしたので、お盆休みもみんなで過ごすことになっていました。地域の皆さんにあまり歓迎されないなかで立ち上がった若根荘でしたが、今は行き場のない女性の住まいとして地域の人たちも見守ってくださっています。

第2の共同住居・マゼルの誕生

北海道新聞に若根荘のことが取り上げられたことで、入居したいという人たちからの問い合わせだけでなく、学生を中心とした下宿屋を経営していた方から、「私も障害者の方のお手伝いがしたい」との連絡がありました。1997年2月のことです。

さっそく支援する会の常任理事で事務責任者の片山和恵さんとその方を訪ねたのは、北18条東3丁目の中小路に面した古いたたずまいの下宿屋を営んでいた人の良さそうなおかみさんでした。案内された居間には胡蝶蘭が何鉢も咲き乱れていて、おかみさんの人柄がそこに表れていました。学生さんたちがお母さんのように慕っていたに違いない雰囲気が漂っていました。「学生さん全員が春には卒業するので、下宿を廃業してグループホームにならないかと考えています」との相談でした。「男性の住居はないのか」との問い合わせが何人からもあり、「どうしようか」と考えていた時でしたので、渡りに船とはこのことだと思い、「一緒にやりましょう」と約束をして、運営委員会を開いて話し合い、共同住居第2号をつくることを決めました。

現在5か所のグループホームがあります。いつでもそうですが、施設名を付ける時には考えあぐねます。「男性専用住居にふさわしい名前を」と話し合っていた時に、下宿のおかみさんから今まで経営していた下宿の名前である「なかかぎ」入れてくれないかとの要望がありました。そこで、仲間に入れることを「まぜる」という北海道の方言を用いて「マゼルなかかぎ」と命名し、1997年4月に出発しました。

下宿のおかみさんを支援する会の世話人として雇用しました。おかみさんは自宅なのでそこに寝泊まりしているので、とても安心です。世話人をもうひとり配置したのですが、何か起きない限り、手間がかからず、週3回の訪問でことが足り、世話人も大助かりでした。

6人定員の住居と決めました。入居者は、精神科病院に25年間も入院していた恰幅の良い幸ちゃんをはじめ、病院に長期に入院している患者を社会へ戻そうと、当事者で運営している回復者クラブ「すみれ会」に通所していた半ちゃんと高木君。オホーツク海に面した紋別市で暮らしていた嗣博君。などが次々に入居し、瞬く間に6人になりました。

ところが「マゼルなかかぎ」での生活は、世話人の家族も一緒に食事をしていたりしていて、土・日の食事のない時に台所を使うにも遠慮がちになるなど、障害者自身が気を遣う生活になってしまい、精神状態が悪化して支援者にどなり声を上げるなど様々な問題が起きてしまいました。この場所でこのまま運営を続けることが困難になり、転居することを決意しました。

6人の利用者と話し合いをしたところ、6人中何でもできる3人が「このまま残りたい」ということになり、障害の重い人たち3人は早く転居したいとの思いから、北区の中で貸してく

マゼルの夕食風景（2018年）

れる家を探していたところ、民医連会館のすぐ近くに古い一軒屋が見つかり、新しい住居「グループホームマゼル」（以下、マゼル）と名称も変更しての暮らしが始まりました。「マゼルなかかぎ」での生活はわずか2年でした。

転居したものの、今まではスタッフが住み込みでいたものですから、3人だけで暮らすということに大変な不安があり、しばらくの間、スタッフが泊まり込むことになりました。運営委員だった三浦誠一さん（現在の理事長）が1か月間夜に訪問して泊まり込み、朝帰るという方式で、急場をしのぎました。

その頃の共同住居は空きがあればすぐに満室になるというほど要求が強く、「マゼル」へ新しい入居者が次々とやってきました。そのために泊まり込む場所もなくなり、みんなから「自分たちだけで大丈夫」との声もあり、泊まり込みは終了しました。

当初の3人の利用者は生き生きとグループホームの暮らしを満喫している様子でした。私たちは、病院から退院し、手足を伸ばして暮らせる住居作りの大切さを実感し、入居者が「家族のように生きられる」ことを支援する会の理念として位置づけて現在に至っていますが、1日2食の食事をおいしく食べられることが何よりもうれしかったそうです。そんな食事をつくってくれていた今は亡き原淳子さんのおいしいご飯にみんな満足顔で、笑顔の暮らしをしていました。しかし、とても古い建物だったので、取り壊す話が出てきて、ここも2年足らずで転居しなければならなくなってしまいました。

その後2回の転居をして現在は、事務所の近くにようやく落ち着きました。この「マゼル」もできてから21年を迎えましたが、日々の運営もそうですが、低額の利用料にあった借家を借りるということは、なかなか大変です。高い家賃の家は借りられず、2度目に転居した家は、かなり古いところだったために、ネズミが出てくるような家でした。それでも誰にも遠慮せず、自分たちの思いをぶつけあえることもでき、とても安心して暮らせたところでした。

3度目の住居探しをしなければならなくなった時に、「今度はダリアの郷支援センターの近くで見つけて」とのみんなからの要求に応えて、いつもお世話になっている不動産屋さんにお願いし、「ダリアの郷支援センター」の近くに転居できました。作業所への通所も便利になったことで入居者も大喜びでした。

ギャンブル依存症の影ちゃん

「共同住居で暮らしたい」と言ってくる人たちの中にはとても手に負えない人もいます。影ちゃんもその一人でした。

影ちゃんは別なグループホームにも入居していたそうですが、お金を持つとすぐさま、パチンコ屋へ走ってしまいます。弟さんが金銭管理をしていますが、たとえ1000円でも持ってしまうとパチンコへと心が向かってしまうそうです。お金が自由にならなくなると、買ってもらったばかりの自転車を中古品販売店に持って行って売り払う、テレビも抱えて質屋に走るなどの状況が続きました。このままではどうすることもできないと弟さんと相談し、入院の手立てをとりました。主治医も協力してくれて、細川が、「パチンコをやめなければ退院してこないでほしい」と言うと、「必ずやめますから見捨てないでください」と。今までも同じ手口でごまかされてきたと弟さんは言うのでしたが、とにかく本人を信じてじっと待ち続けました。

入院して6か月が過ぎた頃に、小さなたどたどしい字で書いた手紙が届きました。「本当にもうパチンコはしません」と書いてあり、これが限界だと言う医師の退院許可が出て、マゼルに戻ってきました。

退院して来た日に、「細川さんありがとうございます」と深々と頭を下げたのでした。その日からパチンコに手を出すことは一度もなくなったのですが、そのためかうつ状態になることがしばしばありました。

そんな時は通所施設「ダリアの郷」で昼食をとりながら、真正面に座っていろいろ話をしていると笑顔が戻り、元気になっていきます。そんな姿をみんなは面白がって眺めている日も結構ありました。

その影ちゃんが突然具合が悪くなり、道都病院に救急搬送されたのは2009年のことでした。入院中に被害妄想が起こり、すごい勢いで電話をかけてきて、「この病院は恐ろしい。次々と患者を殺し、3階と4階の間の部屋に隠している、自分もそうされそうだから退院させてほしい！」と言うのです。担当だった松崎マサ子さんにすぐさま飛んで行ってもらい、主治医と話をしてもらったこともありました。精神障害によって起こる現象はなかなか理解できませんが、受け止めだけはできているので、影ちゃんの状況には驚くこともありませんでした。

また道都病院は、影ちゃんが以前から通院していた病院です。主治医は影ちゃんに「先生が守ってあげるから大丈夫だよ」とそっと話してくれ、それによって安心するなど一定の治療によって妄想もなくなりました。脳梗塞の治療もしっかりとできて、退院後も道都病院に通院していたのですが、公共交通機関で通院することは困難だったためにタクシーでの通院の申請を西区役所保護課にしました。

この頃、生活保護利用者が医療機関に通院する交通費(移送費)の支給について北海道滝川市で起こった「移送費不正受給問題」の影響でかなり厳しくなっていました。

滝川市の生活保護行政

北海道滝川市で起こった生活保護費・通院移送費不正受給事件について少し記しておきます。

2006年3月、札幌市から滝川市に転居した生活保護世帯の夫婦(暴力団関係者)が滝川市から約85キロ離れた北海道大学付属病院まで介護タクシーを利用して通院をしており、2006年3月から2007年11月までの1年9か月間の移送費総額が2億2886万円という巨額な金額でした。

刑事事件として全国の生活保護世帯の通院移送費に大きな影響を与えたわけですが、首謀者の夫が詐欺罪などで懲役13年、妻は8年の刑が確定しました。返済についてはほぼ全額が回収不能と判断されたようでした。

また、当時の市長や福祉課長の責任を求めて、住民監査請求も起き、短期間で2163人の請求人となり、「生活保護不正問題の住民監査請求を進める会」が結成され、大きな運動になりました。監査結果は「タクシー代金の支出について一部不適切な事務処理が見受けられたが、違法または不当な事実は認められない。滝川市が損害をこうむった事実は、認められない」として、「請求人らの行った本件請求については、理由がない」と棄却しました。

そのため、２００８年に札幌地裁に提訴されました。「市長の指揮監督上の義務違反はなかったが、福祉部長の背任は免れないので、一部金額の返還をする」という地裁判決でした。


滝川市のその頃の生活保護をめぐる問題は厳しいものがありました。滝川市生活保護不正事件が起こる2年前でしたが、滝川市の日本共産党の専従の方から相談があり、滝川市に出向いて相談に乗るという事例が発生しました。

離婚をして、滝川に移住した佐山良子（仮称）さんは、体の状態が悪く、働くことができず、病院へ受診するお金もままならなかったために、12月29日に生活保護を申請しました。ところが滝川市は「働く努力をしていない」と29日目に却下したというケースでした。２００４年1月29日に再申請をし、却下になった申請については北海道知事に対して審査請求をしました。

本人の申し立てに従って審査請求したわけですが、佐山さんの申請に至る経過は次のとおりです。

佐山さんは、椎間板ヘルニアになり、砂川市立病院で手術をしました。その後、ヘルニアの状態が良くなり、働いていました。ところが１９９９年8月、今度は頸椎間板ヘルニアになり、病院へ行く費用がないために治療を受けることもできない状況でした。いろいろな事情もあり、2006年11月に離婚し、子ども1人を連れて12月に砂川市から滝川市に転居し、同月29日に生活保護を申請しました。この時、手持ち金は1万円でした。

ところが　福祉事務所に行った際、「働くのは無理だ、という先生の言葉をもらってきなさい。そうしたら大丈夫だ」と言われました（検診命令）。佐山さんは以前診察を受けていた際に、「長時間働くのは無理、重いものを持つことはだめ、立ち仕事はだめ、同じ姿勢での仕事は無理であるが軽作業ならできるかも」と言われていましたが、働けないことが分かればいいのだと思い、砂川市立病院で検査をしてもらいました。

佐山さんは、生活保護申請後、社会福祉協議会からつなぎ資金3万円を借り、同じ滝川市に在住している息子から2万円を援助してもらって何とか食いつないできました。体の痛む佐山さんは治療を受けて少しでも安定した状態で暮らしたいとの思いを抱き、保護の決定を待ちわびていました。しかし、1月26日付で「保護申請却下通知書」が届いたのです。

申請却下の理由は、「就労可能との診断がされたので、就労能力不活用のため、却下する」というものでした。「この却下処分は」生活保護法第1条、第2条、第3条、第4条に違反する違法な決定です。しかも、このままでは佐山さんの生活は破壊されてしまいます」という内容での審査請求を即座に提出しました。２００４年４月に「この処分を取り消す」という裁定が北海道知事から出されました。佐山さんはその後、安心して療養に専念することができました。

影ちゃんのタクシー移送費を認めさせる

このような厳しい行政の中で起きた滝川事件は、全国で何件もの「移送費不正受給」を浮き彫りにさせました。この滝川事件を契機に病院通院のための交通費の支給が厳しくなり、他市町村の病院への移送費の支給にかなりの制限がかかってしまいました。

札幌市でいえば、「他区への移送費の支給は基本的に認めない」というものでした。この問題に対して道生連は、札幌市と懇談をし、「精神障害者が今まで通院している病院の主治医との信頼関係を損ねるようなことがあっては病状悪化につながるため、そうしたケースは特別に認めてほしい」と要求しました。市は、「そのことは認める」と約束してくれ、今までどおりでタクシー移送費も認められました。しかし、影ちゃんの場合は「西区から東区への通院は、精神科病院への通院ではない」と西区保護課は却下してきたのです。

統合失調症という障害のために、内科入院時でも妄想が起きたりするので、そのことを世話人が主治医に話し、主治医は理解してくれていました。そして、他の病院で受け入れてくれるかどうか、また、影ちゃん自身が医師などへの信頼を寄せられるかどうかなどの問題もあるため、市に「本庁との協議もお願い」しました。随分と時間がかかりましたが、他区であった病院への通院にタクシー代を支給させ、今までどおり安心して通院することができることになりました。

制度的に「改正」されようと、「人間らしく生きるために要求する」を最後まで追求していくことの大事さを心から感じることができた事例でした。

突然死した79歳の幸ちゃん

「マゼル」の開所当時から暮らしているのは、影ちゃんと幸ちゃんでした。この幸ちゃんも79歳になり、最近ではめっきりと気弱になってきていました。部屋の掃除もきちんとできなくなり、スタッフの陽子さんや博子さんに手伝ってもらい、それでもがんばって、「マゼル」の暮らしを満喫していました。

ところが、2018年1月初めのことでした。夕食の時間になり、みんながご飯を食べようとしていた時に、「ちょっと具合が悪いから休む」と言ってデイルームの隣にある自分の部屋に入って横になったきり起きてきません。みんなが声をかけたのですが返事がないので、食事の支援員から電話がかかってきました。片山和恵さんと一緒に駆け付けたところ、息をしていません。急いで消防に連絡し、市立札幌病院に搬送されました。

懸命な治療によって一時は息を吹き返しましたが、「このまま生き続けることは無理でしょう」との医師の説明どおり、午後10時を過ぎた頃には帰らぬ人となってしまいました。

グループホームで暮らしていた人が亡くなるということは、いろいろと問題が発生します。救急搬送された後に警察がやってきて、その時の状況や部屋の状況などを確認し、その場にいた入居者の状況確認などがなされ、その後、病院での死亡確認の後に警察へいったん収容されて検死することになります。その日数も何日もかかり、問題がなければようやく戻ってくることになるのです。

幸ちゃんは全く身寄りのない人だったので、支援する会として野辺の送りをみんなの参加の下でおこないました。参加者から幸ちゃんについての思い出が語られ、翌日、火葬場には長くから一緒に暮らしてきた仲間が同行して、見送ることができました。

細川が幸ちゃんについて思い出すことは、2年前の夏も終わろうとしていた頃、幸ちゃんから事務所に突然、電話がかかってきた時のことです。

「細川さんに会っていないので、工藤さんに聞いたら、『幸ちゃん早く帰ってくるから会えないんだよ、もう少し待っていると帰ってくるよ』と教えてくれたけど、今日はいるかい？」

「今はいるよ。でももうすぐ夕食でしょ？」

「いや、今すぐ事務所に行くから待っているように言っておいて」と言って電話が切れた、との知らせがあり、何事かと思っていたら、5分も経たないうちにやってきました。三輪車に乗って飛んで来たと言います。「どうしたの」と声をかけると、「会いたかった」と言って、顔をくしゃくしゃにして涙を流すのでした。

まるで子どもが母親を求めて飛んできたようなその思いに思わず肩を抱いたら、しがみついておいおいと泣きます。何事かとドキッとさせられました。片山さんと細川が「老い先の短さを感じているようだね」と話し合っていたことがありますが、それが現実になったと思わずにはいられませんでした。

マゼルはそれまでに何度も転居していましたが、7人が一つの建物に入居できるような建物を借りることができない実態も見過ごせません。厚労省や自治体への要求から分場型でのグループホームをつくることができるようになり、この「マゼル」は、今、4人の本体住居と2人の分場住居、さらに「ひとり暮らしをしたいけど、自信がない」と言っていた伸くんを「サテライト型」の住居として、7人のグループホームとなっています。

グループホームとして位置づけられたこのサテライト型の事業ができたのが2014年度でした。ひとり暮らし住居に住み、2年間（現在3年間）は食事やミーティングなどの時には本体グループホームに参加し、夜は一人で過ごすという生活に慣れてから本格的にひとり暮らしに移行していくというものです。

名古屋から逃げ帰ってきた伸くん

入居者の多くは、家族に縁が薄く、茨の道を歩んでくるなかで傷つき、一人では生きていけないまでに傷が深くなってしまった人たちですが、伸くんもその一人でした。

２００４年5月1日、朝から晴れ渡ったメーデーに久しぶりに参加でき、集会の始まりを待っていたその時です。携帯のベルが鳴るので、「事務所からかな?」と思って出てみると、相談の電話でした。

「実は私の息子と特殊学級時代に一緒だった子が、名古屋からつらくなって戻ってきたのですが、帰る家がないということで、私の家へ来たんですけど、ずっと置いておくわけにいきません。役所でお聞きしたら、お宅にグループホームがあると聞いたので、入れてもらうわけにはいきませんか」ということでした。今日は無理なので、3日に来てもらうことにして、祭日を返上して相談を受け、その足で入居することになりました。

話を聞いてみると、もともと知的障害があり、20歳を過ぎて障害基礎年金2級を受給しているとのこと。名古屋に大工の見習いとして働きに行ったのですが、給料が入るとみんなにたかられ、受給していた障害年金も停止され、このままではどうにもならなくなると思って逃げ帰ってきたとのことです。しかし、行く当てもないため、特殊学級で昔一緒だった友だちを訪ねて助けを求めたということです。

ちょうど一室空いていたので、事務所から寝具一式を持ち込んで、その日から入居させることができました。

この頃のグループホームはまだまだ少なく、伸くんが入居できたのはラッキーでした。

第3のグループホーム「法ハウス」の運営から学ぶもの

支援する会を立ち上げてから3年目の1998年、「マゼルなかかぎ」を立ち上げた時にかかわってくれたおかみさんからの紹介で、「薬店を経営していた夫の目が見えなくなってきており、経営が困難になってきているので、自宅を改造してグループホームとしてかかわらせてもらうことができないか」という相談がありました。啓一さんというご夫妻です。敷金も整備もしなくて改造費もいらないのならこんないいことはない、ということで早速、啓一さん夫婦に会いました。

奥さんはブランド女性下着の販売店を経営されていました。その店舗は自宅の隣にあり、自由が利くので、食事は奥さんがするということで、啓一さんを世話人とし、奥さんは食事係として雇用契約を結び、家賃と給料も決め、支援する会の役員一人も配置してスタートしました。

住居の名前も奥さんの要望を取り入れて、「法ハウス」（5人の住居。後の「グループハウス結」）と命名し、あっという間に満室になりました。地域に出たいとの障害者の要求がどれほど強いのかがうかがわれました。

しかし、運営していくなかで、啓一さん夫婦の考え方と私たちの理念とがかみ合わず、２００２年で支援する会のグループホームは転居することになり、新しい住居への入居は利用者が１人だけで４人が残るという結果になりました。理念を捻じ曲げることはできないため、八軒地域で不動産業を経営していた「(有) イブ」の建物を借りて、新たな出発となりました。

転居するにあたって新たな支出も大変な負担になりました。それでも数か月で５室の部屋は利用者で満室になりました。そのような事態を見ても、グループホームがあることで退院できる人たちがどれほど多くいるかを、実感せずにはいられませんでした。

「グループホームマゼル」と新たな名前で出発した「グループハウス結」の２つの住居づくりから学ぶことは、実に多くありました。

私たち「支援する会」は精神障害者が生き生きと地域で暮らせるグループホームづくりを目指してきましたが、「マゼルなかかぎ」も「法ハウス」も、その家の家族と一緒に食事をしたりすることで障害者自身が気を遣うことが多々ありました。土・日の食事のない時には、台所を使うにも遠慮がちになり、窮屈な思いをしていたなどの問題も見えてきました。

しかし、状態の軽い入居者にとってはいやになれば自分の部屋にこもってしまうか、外出すれば気分転換ができていたようです。ところが、長期入院から退院したような入居者は、何かと手を煩わせるなどのなかで小さくなって暮らさなければならない気持ちがありました。それを聞いた私たちは転居を決意したのでした。

また、新しい住居では夜間の支援体制のない不安もあり、半数以上の入居者は戸惑ってしまうことになったのも後で分かったことです。

いずれにしても以下のことを今後の教訓とすることを、役員会で話し合い、確認し合いました。

第1に精神障害者と触れたことのない人を学習もなしにスタッフにはしないこと、第2に営利目的で生きてきた人が真のボランティア精神でかかわることは簡単ではないということ、第3にホームと世話人宅が一緒では支援をするということではなく、面倒を見てやっているという思いが強くなってしまうのではないかということ、などです。

その後、2004年には女性専用の「マザーハウスぽぷら」、2011年には男性専用の「ひなた」を立ち上げていき、現在5か所のグループホームで30人の人たちが暮らしています。

細川が精神障害者にかかわった頃には、精神障害者に対する福祉施策はほとんどありませんでした。そのようななか、1981年の「国際障害者年」を皮切りに障害者のノーマライゼーションを位置付ける一環として札幌市では共同住居がつくられていきました。病院のワーカーや共同住居運営者などでつくられていた「札幌市精神障害者地域生活支援連絡協議会」（現在「特定非営利活動法人札精援協」）があり、私たちも加入しました。

現在、支援する会の常任理事の一人である片山和恵さんは、当時ほかの事業所に勤務しながらこの会の事務局長をやっていました。この頃の札精援協は、当事者の交流を年1回おこなっていました。カラオケ、マージャン、バレーボールなどを企画し、入居者はそれぞれ自分の好きなところに参加し、1日を楽しんで過ごすことができ、みんなの顔が輝いていました。

この会は今も活動を続けており、支援する会のグループホームの相談員も参加し、スタッフの学びの場にもなっています。

第2章

虐げられた精神障害者とともに生きる

――仲間とともに共同住居と共同作業所づくりに奔走して

精神障害の人たちに触れて

北海道生活と健康を守る会（道生連）の中に障害者部会というのがありました。そして、1981年の国際障害者年の年に運動の一環として取り組まれた集会の中で、細川はたくさんの精神障害者と触れ合うことになりました。その後、彼らの活動の場として道生連の事務所の一室を提供することになりました。その会はたった4人から出発した「すみれ会」と言います。細川が精神障害者にかかわりたいと本気で思うようになったのは、それらのことがきっかけでした。

すみれ会に参加してくる一人ひとりの悩みや相談などに触れるなかで、精神障害という病気のこと、今まで生きてくるなかでの人権の剥奪や親兄弟からも阻害された人生を、細川は知ることになりました。驚くというより、彼らのあまりにも束縛された人生に悲しみさえ感じながら心が奪われていったのでした。

しかし、週3日の彼らとのふれあいでは、その障害者自身が傷ついてきた本当の思いに触れることができず、細川の発した言葉で逆に傷つけたり、病気が悪くなっていく状況などに驚くことばかりが多くありました。そうした日常の中で、細川自身が彼らとのかかわりに疲れてしまっていた頃です。

渡りに船とはこのことです。道生連が借りていた建物を退去しなければならなくなり、すみれ会にかかわっていた道生連障害者部会の神原義郎部長が彼らの行先をつくり、しばらくの間は別々な場所での運動を始めることとなって、「本当にほっとした」というのが本音でした。

彼らは、国際障害者年を皮切りに「見える存在」となりました。しかし、社会の中で生きるということが分からない、強いて言えば天真爛漫に生きていると言っても過言でないほど生き方が分からず、自分の物差しで物事を計るわけですから、当事者同士で言い争いになってしまうことが多々ありました。

ある時、仲間のひとりが事務所に来るとの電話がありました。この日の昼食は冷麦でした。お昼も過ぎていましたが、来る仲間のために昼食をつくらなければならないことになりました。すみれ会のリーダーだった横式多美子さんは「着いたらすぐ食べられるように茹でておいて」と言うと、この日の当番だった美っちゃんは「早く茹でたら伸びてしまうので、来てから茹でてあげるから」と言います。それをきっかけに、先に茹でるか、来てから茹でるかで論争が始まったのです。

道生連事務所の前の廊下で大きな声で言い合いです。お互いに一歩も譲りません。うるさくて仕事ができないので、「外で話し合って」と言うとそのまま出ていきました。30分も経った頃でしょうか、外から何やら聞こえてくるので出てみると、2人はまだ決着がつかず、やり合っていました。何が問題かと言うと、「すぐ食べられるのはハングリーの精神だ」と多美子さんは言います。そして、「そこが分からない美っちゃんは同じ精神障害を持った者でも豊かに暮らしてきたから分からないのだ」と多美子さんは一歩も譲らないのです。「冷麦の茹で時間は約5分、お湯さえ沸かしておけばとそれほど待つことなく食べさせられるんじゃないの。5分も待てないのだろうか」と細川が割って入り、ようやく決着がつく頃に仲間がやってきました。

もめることも随分とありましたが、それでも根気強く一つひとつ話し合い、分かってもらうことや、一緒に考えるところまで行きついてきたと細川は思いながらかかわってきました。そのことが後に精神障害者を支援する会の理念につながっていったように思っています。

いずれにしても少し距離を置くことで、理解し合えることも多くあり、分裂病（現在の統合失調症）や躁うつ病（気分障害）を持つ人たちの病状も少しずつ分かってきました。分かってくると彼らを理解することもそんなに難しいことでなく、障害者運動をする仲間として付き合うことができていきます。しかし、病状が悪化してくるとどうしていいのか分からず、大変な悩みでした。その点を克服するためにも専門的な知識が必要になってきます。それも必然的な課題でもありました。

「回復者クラブすみれ会」は結成されてから間もなく50年を迎えるまでになりました。現在はＮＰＯ法人を取得し、２つの作業所を運営しています。日常的な運営は当事者だけでおこなっていますが、細川もこの会の理事のひとりとなって、通所してくる利用者の相談に毎月1回乗りながらかかわらせてもらっています。

このすみれ会は、精神障害者が生きていくための道筋を自らつくり、全国的に注目され、多美子さんは、宮沢首相から総理大臣賞を受けるほど、精神障害者運動にかかわってきました。

今は多くの精神障害者が社会的に活動しています。誰かが声を上げ、その声を支援する人たちが広げることで社会は変わっていきます。そのことを身を持って感じている運動の一つであり、細川自身も「一緒に横に並んで歩いていこう」とすみれ会にかかわっています。

細川は、現在は理事長である宮岸真澄さん、副理事長の石山貴博さんらの相談にも乗りながら活動しています。支援する会の若根荘の入居者も日中を過ごす場としてすみれ会に通所していましたが、20年以上も過ぎてしまうと高齢化して障害者のグループホームも高齢者施設になってきています。つまり、終の棲家になってしまっており、グループホームで訓練してひとり暮らしへと移行するという方針からほど遠くなっています。

「ダリアの郷支援センター」の誕生

話を元に戻しますが、住居はできたけど、日中に憩う場がないということは病院と変わらない状態で過ごすことになります。そこで地域生活活動支援センターをつくることが課題となっ

ダリアの郷地域活動支援センター開所式（2007年10月、今まで無認可でやってきたダリアの郷が札幌市の補助事業として認可されて改めて開所）

てきました。最初はすみれ会への通所でよかったのですが、かかわる人たちが増えていくことで、何とかしなければとの思いが募っていきました。

道生連の隣の家には老夫婦が住んでいましたが、お二人ともお亡くなりになり、空き家になっていました。その家を細川の夫の遺産を使って購入することができ、2000年4月にそこを地域活動支援センターにと札幌市に申請しました。ところが、「地域生活活動支援センターの建物は耐火建築でなければならない」とその年の3月28日に法律が変えられていたことを札幌市も気づかず、申請を受理したのですが、決定に至りませんでした。急遽方針を変え、建物の一階部分に事務所と作業所をつくり、2階部分を「ダリアの郷地域活動支援センター」として、補助事業にしないみんなの居場所をつくり、昼食サービスを中心にスタートしました。

この頃、近所にある「学生処」で暮らしていた美佳さんと道生連の生活相談でつながった真由美さん、グループホームと掛け持ちの久子さんなどが職員として働いていましたが、昼食づくりはもっぱら細川の仕事で、みんなに手伝ってもらいながらにぎやかな日々に明け暮れていたことが、今では懐かしく感じています。

夫のガンと直生君のこと

その頃、細川の夫が「下咽頭ガン」という厄介なガンに侵され、市立札幌病院に入院し、放射線治療を受けました。それも一時のことでその後、10時間以上かける手術を受けることになり、その前日からの泊まり込み、しばらくは仕事を休まなければならない覚悟の下での生活でした。道生連の佐藤宏和事務局長が夜、仕事の詰まったバッグを持ってきてくれ、必要なものは、内容を付記してまた夜に戻すという仕事の仕方で1日も休むことなく日々を過ごしていました。他人が見たらなんだろうと思うかもしれませんが、私にとっては気がまぎれ、つらい思いが半減したものです。

夫の13時間に及ぶ手術を終えた数日後、「直生君という人の両親が事務所へ訪ねて来た」との連絡がありました。看護師にお願いして事務所へ数時間戻って話を聞いたところ、「息子が暴力をふるうので怖くて家にいられない」と地方から出てきたと言うのです。本人抜きに話は進まないので自宅に電話を掛けてみると直生君が出て、「疲れているから札幌まではいけない」と言います。とにかくいったん戻って本人を連れてきて話を聞こうと両親を納得させ、両親は帰ることになりました。ところが、病院へ戻った数時間後に両親が病室に飛び込んできたのです。

何事だと思い、面談室で話を聞いてみると、「怖くて帰れない」と震えているのです。仕方なくもう一度両親と一緒に事務所に行き、その晩は事務所に泊まってもらうことになりました。翌日の朝、「突然直生君がやってきた」との電話がありました。事務所へ行ってみると青白い顔をしたまだあどけなさが残る直生君が両親をにらみつけており、三浦誠一理事がその傍らで見守っています。直生くんとは十数年ぶりの再会であり、顔も覚えていないほどでしたが、まず両親に何の不満があるのかを聞いてみることにして話しかけると、直生君は語り始めたのです。

「お父さんもお母さんも僕のつらさを一つも分かってくれない。小さい時から自分の思いを話しても受け止めてくれなかった」と言い、「貴様らが僕の青春を奪った、返せ」と大声で怒鳴り始めました。思わず細川も、「親に向かってなんてこと言うのだ。子どものことを思わない親はいない。どんなに悩んで育てて来たのか知りもせず、自分でどうにもならないからと親にあたるのはもってのほか！」と持ち前の大声で怒鳴りつけると、直生君はようやく体の力が抜けたように顔から険が消えていったのでした。その後2時間ほど話し合いました。23歳を自宅で迎えた後に、マゼルに入居することを約束して、3人で帰っていきました。

今でも決してあの日の光景は忘れられません。精神に障害を持つ者の心の葛藤をまざまざと見せつけられたような気がしました。

夫は数か月後に退院し、自宅での療養生活が始まり、職場復帰ができました。しかし、夫は声を失ったままでの職場への通勤に疲れていましたし、抗ガン剤治療などで入退院を繰り返すことになりました。また、ガンという病気と闘うなかでうつ病も発症しました。二つの病院への通院も細川が同行できない時には職員に手伝ってもらう、そのような毎日に明け暮れていました。細川は気の休まらない毎日の中で、疲れも忘れて仕事をしていました。しかし、細川以上に夫は、言葉が話せないプレッシャーのなかでの職場復帰で、相当苦しかったことだろうと思います。

その頃の夫の職場のＮＴＴは、人員整理の真最中だったような気がします。ある時、夫の職場の課長から電話がかかってきて、「ぜひ、退職してほしい」と言うのです。その言葉に、「課長のお話は分かりました」と答えたのですが、病気の最中で、退職することがどんなにつらいものかを考えると、労働基準法で定められた労働者の権利は全うしたいと考えました。その後、課長にうつ病の一定の病気回復をするために、休職をすることを告げました。課長は激怒し、「分かったと言っただろう」と怒鳴ります。道生連の交渉で鍛えられた私は屈することなく、労基法と会社の規約に則って、休職を勝ち取りました。

間もなくして課長が代わり、新しい課長が病院まで出向いてくれ、夫には入職30年の表彰の盾と時計が贈られました。どんなに重篤な状況にあっても、働く者の権利は全うできるのが現状であることを夫と共に確かめ合ったものでした。

民家を改造しての作業所設立

精神障害者の要求の一つに、「働きたい」との願いが大きくあります。たとえ短時間でも仕事ができればと、理事会で決定して始まったのが、養女の奈津美（仮称）が小学校3年生の時でした。奈津美のことは後で述べるとして、彼女の通っている小学校からもらってきたウサギの名前がハッピーだったことから、その作業所は「HAPPY共同作業所」と名付けられました。この作業所の責任者を務めた常任理事の片山和恵さんが以前働いていた作業所と付き合いのあった業者さんの下請けの仕事をさせてもらいました。それが今でも続いている「きのとや」のケーキの箱の一部分をつくる仕事でした。

「HAPPY共同作業所」は、事務所にしていた1階の6畳2間を改造して午前中だけの作業

HAPPY の総会（2018 年）

HAPPY での作業風景

所として始まったのでした。参加したいメンバーが徐々に増え、身動きできないほどの人数になりましたが、だれも不満を言わず、黙々と作業をしました。

作業が終わると2階へ移動し、食事の時間となります。その2階が「ダリアの郷・支援センター」です。そこはボランティアによって運営されていました。食事のお手伝いをしていたのは当事者の美っちゃんと中学生の時にお母さんを亡くし、母親代わりをしていたまぁ姉ちゃん、そして「グループハウス結」で相談員をしていた久子さんが中心になって運営をしていました。

この支援センターも毎日、あふれんばかりの利用者で、昼食を終えて利用者が帰っていくと、私たちはいつでもほっとしたものでした。

突然の暴力事件

そんなある日、親との折り合いが悪く、ひとり暮らしをしたいという青年がやって来ました。食事をしていないとのことで、急いでありあわせのものを繕って食べさせている最中に事件が起こったのです。青年の話を聞いていた三浦理事は、わがままとしか受け取れないその若者の話に、「なんでそんな者にご飯を食べさせるのか。家へさっさと帰りなさい」とたしなめると、若者がいきなり立ってきて三浦理事に殴りかかり、止めようとしても止まりません。

「隣の事務局長を呼んできて〜！」と、スタッフのひとりに叫んでも、スタッフは腰を抜かして動けません。常任理事の片山和恵さんは警察に電話をしながらスタッフを激励しています。細川は打ち所が悪ければ三浦理事が死んでしまうかもしれない、という思いが胸いっぱいになり、その若者の挙げた手の隙間に150センチの体で飛びかかりました。もみ合ううちに細川の上に2人の男性が折り重なり倒れ込んできました。細川は息もできません。「早くどいて〜」と息も絶え絶えにかすれた声で叫んでもなかなか2人の男性は起き上がれず、ようやく起き上がったところへ警察官が3人やってきました。

いろいろ事情聴取をされました。事の成り行きを聞いた主任と思われるひとりが、細川の止め方を聞いて、「やぁ、すごいですね」と驚いていました。後になって考えると〝火事場の馬鹿力〟が瞬時に出たのでしょう。人間の不可思議さを知らされた出来事でした。

その若者が精神障害者であることは間違いがないと思い、「話を聞いたら家へ帰してやってほしい」と警官にお願いすると、「分かっています」と若者を連れて引き揚げていきました。

妄想状態に陥った出来事の悲しさ

また、ある日、不動産業者がひとり暮らしをしているSちゃんを連れてやってきました。「Sちゃんは、部屋にいると誰かがやってきてドアを叩きつけるので、部屋にいられない」と言っているので休ませてやってほしいと、不動産業者は言います。Sちゃんは、とても疲れ切っているようでしたので、少し寝るように話しました。しかし、眠ることができないというので見守っているうちに、目がだんだん吊り上り、声を張り上げ、精神状態が完全に異常をきたしてきました。

通院している病院を聞いても答えられず、このままでは大変なことになるということで、入院させてもらえる病院はないかと病院に次々と電話をかけたのですが、受け入れてくれる病院はありません。

Sちゃんは、そのうち動きまわり、わけのわからないことを大声で喚きだしました。慌てて救急車の手配をしたところ、パトカーもやってきました。何ごとかかと、隣近所の方々が私たちの施設を遠くから伺っています。何とか病院に繋げなければと、焦る気持ちでパトカーを迎え入れました。

ところが、Sちゃんは机の上に上がり、大声で不可解な言葉を発するなど、誰も近づけません。いくつかの病院へ電話をかけ続け、ようやく五稜会病院が、以前Sちゃんが受診した経歴もあり、受け入れてくれることになりました。しかし、Sちゃんは救急隊員が声をかけてもそれには応えず、救急車への移動ができません。仕方なく最後の手段として身体拘束をした状態での搬送となりました。その救急車に細川も同乗して病院に向かうことになったのですが、病院に着くまで大声を上げっぱなしでした。その狂ったような状況に遭遇して、脳の変化によって起こるものだと思いながらも、とても悲しい気持ちになったことは今でも忘れられない出来事でした。

難病の名を借りての住まいづくり

当時の支援する会のスタッフの中で、専門家と言える人は片山和恵さんひとりでした。精神障害者の専門知識を持っていない者ばかりが寄り集まり、右往左往しながら利用者にかかわるという状況がしばらく続いていました。それでもみんな、「弱い者の味方」という思いだけは持っていました。それは利用者が増えていくことが証明していたと思っています。

しかし、専門知識を持っている者がほとんどいないので、支援してほしいとやって来る精神障害者を受け入れられるほどのグループホームはつくれません。利用者をどう受け入れていくかが大きな課題でした。

最初に若根荘を立ち上げた時に、町内会長から「そんなものはつくってほしくなかった」と言われました。その言葉は今でも心の中に残っています。最初から精神障害者を受け入れてくれる地域ではありませんでした。その頃は古いアパートに空き室が多くありましたが、精神障害者に貸してくれるところはほとんどありません。苦肉の策として難病の一つに「橋本病」というのがあり、それを利用して入居の申し込みを始めました。

もし、借主から「橋本病とはどんな病気か」と聞かれた場合も想定して、入所希望者にその橋下病をインプットするようなことまでしていました。

今では何軒ものアパートの持ち主が心から理解を示してくれています。クリスマス会などにプレゼントを届けてくれる方まで現れてきています。しかし、まだまだ住まいを提供してくれるところは少なく、新しい利用者が増えることは大変なことです。

それでも今は25人を超える人たちが地域でヘルパーを利用したりしながら日中、共同作業所HAPPYやダリアの郷支援センターへ通所しながら、安心して暮らすことができています。

グループホームが5か所に

地域で何らかの支援を受けながらひとり暮らしができる人たちも増えてきていますが、ひとり暮らしができない人たちもまだまだそれなりにいて、グループホームを増やさなければならない状況があります。私たちが運営するグループホームは、現在5か所あり、30人が暮らしています。

グループホームができたことで、長い入院生活や路上での生活から脱却でき、その人たちにとっては安心して暮らせる場所になります。そして、集団での生活には一定のルールがあり、そのルールをみんなで決めていくことも暮らしをつくるうえでの大事な課題です。しかし、自然とそうできるものでもなく、そのためには生活相談員（支援員）の配置が重要です。

集団で暮らすことは楽しいことや嬉しいことばかりではありません。精神的な病状なら、一時入院して治療を受ければまた普通に生活できます。しかし、時として命にかかわる「ガン」と宣告され、つらい日々を過ごすこともそれなりにあります。

マゼルに入居している麻雀好きな滋さんは、体の不調を訴えたために、私立病院で検査をしたところ「肺ガン」と診断され、入退院を繰り返す生活となってしまいました。

どんなに明るく振る舞っていても心の中はとてもつらかったに違いないと思います。

妹さんが何かと心をかけていました。最後は通院をしていた精神科病院の内科に入院し、帰らぬ人となってしまいました。支援する会を設立して初めてのことでしたので、かかわったスタッフもとてもショックを受けながら、それでも妹さんと一緒に札幌葬祭総合センターで野辺の送りをさせてもらいました。

滋さんは生活保護を利用し、妹さんは生活保護を利用していませんでしたが、生活保護以下の収入だったので、生活保護の扶助のひとつである葬祭扶助を申請して利用することができました。

下記は、告別式での細川の弔辞です。

弔辞　滋さんへ

１９９７年夏の終わり、あなたは「マゼル」にやってきましたね。にこりともせず、心が沈んだあなたに会って、私は思いました。どれだけの不幸を背負って生きてきたのか、胸が締め付けられる思いでいっぱいでした。

あなたの主治医だった奥村先生は、病気が良くなってきたら、少しでも人間らしく生きられるようにと「社会復帰」をめざして、精神に障害を持った多くの方々の退院後の生活に努力されていました。

奥村先生は、「滋さんは、良くなって退院しても一人ぼっちの生活をするとすぐ、飲酒が止まらなくなり、また状態が悪くなってしまうから、グループホームなら大丈夫」と言ってあなたを送り出してくれたのでしたね。

マゼルに来てからのあなたは、最初は、毎日のようにビールを飲んでいましたが、毎週のミーティングで「グループホームでの生き方」をみんなで話し合い、少しずつ間隔をあけられるようになって、土曜日、日曜日だけに変化したその意思の強さに感服しました。人間頑張ればできないことはないのだ、とあなたを通してつくづく感じたものでした。

そのことが良かったのか、笑うことがほとんどなかったあなたに少しずつ笑顔が浮かんできたのは、マゼルに来て何年か経ってからでした。

昨夜、すみれ会の宮岸真澄さんが「辛抱強く仕事をこなしてきた笠原さんだった」と述べてくれましたが、本当に陰ひなたなく、休むこともなく、黙々と毎日の仕事をやり遂げたことは、あなたの勲章だと思っています。

私が毎月、生活相談ですみれ会を訪れた時、決まってあなたは玄関の前でたばこを吸っていて、私を見つけるとニコッと笑って片手を高くあげて、その手を振ってくれましたね。あのあなたの笑顔を、決して忘れることはありません。

滋さんと言えば、「酒とたばこと麻雀」と誰でも言うでしょうね。

グループホームの支援をする人たちでできていた札幌市精神障害者を支援する協議会の主催でおこなわれた行事の中にマージャン大会があり、その会に手を挙げて参加したあなたがマージャンをしている時に、私は「滋君、がんばっている?」と声をかけると、ニコニコして、右手でオーケーのサインを出していたあなたのあの時の笑顔も忘れられません。

また、マゼルが西区に転居してきた時のことも思い出の一つとなっています。部屋を決める時に、一番奥の大きな部屋を見て、「この部屋で暮らしたい」と自分の意思をしっかりと述べたことがとても印象的でした。私にとってあなたは、自分の意思をあまり表現しない人でしたから、「あぁー、自分の思いもきちんと出せるようになったんだ」と思って、嬉しくなったことも忘れていません。

あなたをめぐる思い出は、数限りなくありますが、こんなに一生懸命頑張って生きてきたあなたを病魔が襲うなんて過酷すぎます。

あなたが「肺ガン」の告知を受けたと聞いて、胸が張り裂けそうでした。私の夫もガンで8年間闘病生活を続けてきたそのことと重なって…。どんなにつらかったことでしょう。

でもそのつらさを全く見せず、お見舞いに行っても、絶えずニコニコと笑顔を見せてくれるあなたに、心が締め付けられたものでした。

最後の治療が終わって退院してきた時も、毎日のようにすみれ会に行くというあなたを見た時、どれだけすみれ会が好きで、仲間が好きでいるのかということが痛いほど伝わってきて、「無理をしないでね」と声をかけると、「分かった」と小さくうなずくあなたに子どものように感じるものがありました。

人というのは、この世に生を受けたら必ず最期が訪れるものですが、60歳を前にして命を奪われることは本当に早すぎます。でもこれがあなたの運命なのだと受け止め、残された私たちはこれからも精神に障害を持った人たちと一生懸命生きていきます。

どうぞ見守っていてください。

本当にお疲れ様でした。もう痛みに襲われることもないでしょう。安らかにお眠りください。

２００８年12月26日　細川久美子

以上が告別式で滋さんを送った時の弔辞です。マゼルのみんなも参加してくれ、みんなで死出の旅を見送ってから9年がたちました。今、事務所の近くにマゼルが3回目の転居をしてきました。そこで暮らす7人が時には喧嘩もしながら、それでもみんな仲良く暮らしています。

マザーハウスぽぷらの設立

支援する会のグループホーム第1号の若根荘の最初の入居者だった美樹ちゃんは、長い入院生活から、いよいよ退院できるだろうと手稲病院の援護寮に入居しました。しかし、たった3日間で病院に戻ってしまい、支援者たちはとても心が痛みました。

美樹ちゃんは若根荘を退去してひとり暮らしを始めたのですが、わずか3か月で病状が悪化し、新琴似にある鈴木病院に入院をすることとなりました。院長が主治医となり、院長にも何度も面会し、彼女の病状につきあいながら4年の月日が流れていました。しかし、いっこうに良くなる方向に向かわず、それでも退院の望みを捨てずに、少し安定した時期に病院同士で話し合ってもらい、手稲病院の援護寮へ退院の第一歩を踏み出したのですが、そう単純に物事は

マザーハウスぽぷらの食事風景（美樹ちゃん入居当時）

運ばなかったのです。

美樹ちゃんの入院中に何度も面会し、とにかく退院の方向を主治医と相談しながら模索していました。「ひとり暮らしは無理でしょう」と主治医は言うので、常任で相談しながら4か所目のグループホームを立ち上げる決意をしました。不動産業者に捜してもらったのですが、なかなか貸してくれる物件が見つかりません。

困惑していた時に、「手ごろな物件が売りに出されているので、購入したら」と不動産のイブから言われ、細川は子どもの教育費として貯めていたお金を当てて、「マザーハウスぽぷら」（以下、ぽぷら）を開設しました。２００４年10月のことです。４人が入居できる小さなグループホームです。

美樹ちゃんは無事退院することができ、

「ぽぷら」の第1号の入居者となりました。

その後の「ぽぷら」には次々と新しい仲間が入居し、あっという間に埋まってしまい、みんな仲良く暮らしていました。美樹ちゃんは、入退院を繰り返しながら9年間グループホームでの生活を送っていましたが、わがままなのか、病状の悪化を見極めることもできないまま、他の入居者との折り合いも悪くなり、本人の意向をくんで他の住居へ転居していきました。2014年10月のことです。「ぽぷら」立ち上げから10年近くの歳月が流れていました。

現在は、当時から入居している由美ちゃんの笑顔が輝いており、裕子ちゃんも部屋片付けに努力し、昨年おかあさんを亡くした冴ちゃんと、知的障害との重複障害の22歳の里ちゃんが、2人の支援スタッフに見守られて暮らしています。

グループハウスひなたの誕生

「ぽぷら」の設立後、マゼルが北13条西3丁目から八軒地域に転居するなど、あわただしい日々を過ごしていた頃のことです。

「グループホームに入りたい」という声が聞こえてきたのですが、2つの男性用のグループホームに空きがないため、「今、空きがないので待っていてね」と断っていました。また、「グループホームに入所したい人がいるけれど空いていないか」との問い合わせが行政や病院からありましたが、ほとんど対応できないまま、時は流れていきました。

そんな時、「ちょっとわけありの物件が手に入ったので、グループホームに使わないか」といつも支援してくれている不動産屋のイブから電話がありました。さっそく見に行くと、とてももったいないないほどの住宅で、5人が入居できる建物です。すぐさま借りる返事をし、理事会での決定から始まり、グループホームの行政への届け出など2か月後の2011年10月に5つ目のグループホームを立ち上げました。そのグループホームは「グループホームひなた」(以下、ひなた)と命名されました。


身体障害、知的障害、精神障害の3障害共通の施策を利用できる一元化とともに必要なサービスを利用すると利用料を支払わなければならないという障害者自立支援法が、2006年に施行されました。全国で訴訟が起きるなどの問題を持つ法律でしたが、事業所がグループホームなどを開所するために行政に申請すると2か月で補助事業として決定されるため、運営がとてもやりやすくなりました。支援する会のように、定員30人を目指して新たな建物を使っておこなう場合は、変更申請をおこない、1か月以内に決定するようになっています。

こうしてできた「ひなた」は私たちにとっても入居者にとっても安心して暮らす住居で、すぐさま4室に入居者が入りました。

入居に結びつくまでの雅仁君の場合

２０１２年2月28日のことです。「助けてほしい」と電話の向こうからの悲痛な声です。「生活保護を受けていたけど、そこにいられなくなって住むところがなくなってしまった。保護課に行ったら病院だけは受診してもいいと言うので、受診したけど入院にはならないため、どうしたらいいか分からなくなり、ＳＯＳネットに電話したら、そちらを教えてくれた。助けてほしい」と。

手持ち金を聞いたら10円玉が数個しかないとのことなので、道生連の佐藤宏和事務局長にお願いして迎えに行ってもらいました。やってきたのは１８０センチほどの体格の良い40代の男性でした。雅仁君と言います。

歩くのもようやくという状態で、事務所に入ってもらい、事の成り行きを聞くと、「支援してくれていた人が、お金など全てを管理していて、自分の自由になることはなく、お腹が空いてうどんを2把食べた。怒られるので1把しか食べていないと言ったら、そのウソがバレ、スコップで尻を何度も何度もたたかれた。痛くて歩けなくなり、そこから逃げだしてきた」というのです。

なぜそうなったのか聞いたけれどもあいまいで、なかなか話が通じないのです。そのやり取りを聞いていた三浦誠一理事長が「そんな人は支援する会では面倒見られないから帰ってもらいなさい」と言うのですが、まるでおびえた犬のように私たちを見つめるので、片山和恵さんがお尻を見せてもらったところ、痛々しいほど腫れ上がっています。何らかの障害があるだろうと判断し、とにかく今日は、近くのホテルに泊まり、明日もう一度来てもらって話を聞くことにしました。

お金を持っていなかったので、保護課と掛け合い1万円を支給してもらい、いつも利用しているビジネスホテルに泊まってもらいました。翌日、事の成り行きを改めて聞かせてもらいました。

「両親はおらず、祖母の所が実家だが、今はどうなっているか分からない。居酒屋に1年、後の多くはパチンコ店で働いていた。ほとんどが住み込みで働いていたので、2011年5月頃に保護課に住宅資金の申し込みに行った時に住む家がないため、札幌明啓院（札幌市の救護施設）に入所するための検診を受けた。その時に心臓に疾患があることが分かり、明啓院には入所できず、住むところのない人を支援していた関係者のアパートに入居できた。しかし、本来のギャンブル好きが目を覚まし、家賃も滞納してしまう結果になってしまった。

助けてくれる人がいるのでその人に頼もうと、その頃の知り合いから言われ、その人に頼むことになった。その人はやくざのような人で、生活保護費を管理され、自分の自由にならなかったので、12月に出た保護費を持ってアパートへ帰らず、千歳の保護課に行って保護を頼んだ。保護課の職員からは『札幌で保護を受けていたのなら、千歳市では保護はできません』と言われ、仕方なく札幌に戻ってきたんです」と、ぼそぼそと語り始めました。

「札幌へ戻ってきてから明啓院の担当者に相談したら、路上生活者の支援をしている『ベトサダ』を紹介してくれて、東区にあるグループホームに入居できた。生活保護はつながっていたので、自分が豊平区役所に行ってやくざに見つかったら困るので職員にお願いして取りに行ってもらった。

家賃や食費を払った後、またパチンコ屋に行き、すぐに保護費がなくなってしまい、職員から2万円借りて、またパチンコ屋に行く生活になってしまった。東区のパチンコ店では出ないから、狸小路のパチンコ店に出かけた時に、前にかかわってくれていた人に見つかってしまい、連れ戻されてしまった。

連れ戻されてから何かあるたびにコンクリートの玄関に正座させられ、暴力が始まりフライパンやスコップなどで何十回も殴られ、両足が像の足のように腫れあがり、歩くこともようやくで食事もわずかしか与えられず、いつも腹をすかしていた。買い物を命じられたので、そのまま役所に駆け込んで、ケースワーカーに相談したところ、病院だけ入ってもいいと言われ、病院に入院できればと思って診てもらったけど、『入院するほどではないので、2、3日たっても痛みが治まらなければまた来てください』と言われてしまった。

一縷の望みも絶たれたかと絶望したものの、もう一度明啓院に電話をしてどこか相談するところはないかと聞いたところ、生活と健康を守る会に頼んでみては、と電話番号を教えてくれた」との話です。

どう対応しようか、常任理事で話し合いました。

「自分が悪いのだから、そのような人の支援はできない。帰ってもらった方がいいのではないか」と理事長は言います。しかし、たとえどんなに悪かろうと、ギャンブル依存的な状況にあるのなら何らかの支援をしなければならないだろうと判断し、理事長にもとことん説明し、「どんな障害かは分からないけどこのまま放置するわけにはいかないので、今空いている『ひなた』に入居させたい」と了解を得て、雅仁君のグループホームでの暮らしが始まりました。

行政への申し立て行動

その後、豊平区のケースワーカーに連絡を取り、いろいろとことを進めてきたのですが、ケースワーカーは、「雅仁君が悪いので、仕方がない」と認識しており、満足な対応をしていませんでした。それをそのまま許すことはできません。豊平区生活保護課課長宛てに要望書を提出し、課長と話し合いをすることとなりました。

以下その時の要望書です。

豊平区役所保護課

第二課長　○○ ○○ 殿

２０１２年４月３日

ＮＰＯ精神障害者を支援する会

専務理事　細川 久美子

○○雅仁の生活保護費の銀行振り込みに関する上申書

1、これまでの経過

① 昨年6月に豊平区に転居して以来の生活について雅仁（以下、当人と言う）に確認したところ、9月分までの保護費は当人が管理していましたが、10月分の保護費の中から滞納していた家賃2ヶ月分を支払い、3万円を支援してくれていた人（以下、Ｈ氏）に手渡したと言うことです。

11月分の保護費は、Ｈ氏が豊平区役所までついてきて、豊平区役所を出たところで受け取った保護費全額をＨ氏に手渡したと言うことです。従って家賃についても

H氏が支払ったと思っています。

② 当然、病院への交通費は受診する時々にH氏から受け取っていたのですが、そのほか買い物をするよう命令され、1千円とか2千円とか預けられて買い物をしていました。

12月18日頃だったと思いますが、H氏から1万円を持たされ、買い物を頼まれましたが、そのお金を持って逃げ出してしまったと言うことです。そのお金もなくなり、札幌明啓院の職員に電話をしました。したがって、H氏からお金を借りたことはないということです。

③ 札幌明啓院の職員に相談したところ、ベトサダを紹介してもらい、東区にあるアップルハウスに住むことができたのです。このことは細川自身が明啓院の職員に確認しているところです。

また、1月・2月保護費もベトサダの人にお願いし、委任状を書いて代理で受け取ってもらいました。1月の保護費から家賃と食費を支払い、東区にあるパチンコ店で使ってしまいました。2月の保護費が出た後も東区にあるパチンコ店に行きましたが、入らなかったため、以前遊んでいた狸小路のパチンコ店に自分が決めていた台に行けば入るという確信に導かれ、足を運んでしまいました。

ところがその時に、H氏に見つかり、非常に立腹され、ベトサダの人と話し合って、元に戻されてしまうことになったのです。本人は何も言うことができませんでした。

④連れ戻された時からH氏の暴力が始まり、フライパンやスコップなどで何十回も殴られる日々でした。食事はわずかしか与えられず、何かあるたびにコンクリートの玄関に正座させられ、スコップでたたく、蹴る、殴るなどの暴力行為によって、両足は、象の足のように腫れ上がり、おしりは、鉄板のように硬くなり、歩くこともままならない状況になってしまいました。豊平警察署にも届けましたが、取り合ってもらえず、豊平区保護課に助けを求めました。病院通院だけは認めてもらいましたが、それ以上は何も聞いてもらえませんでした。

当人からの聞き取りではありますが、体に受けた傷、鼻の骨が折れている実態などから暴力を受けていたことは事実と判断しています。

2、障害を見抜かず、訴えに心砕かなかった保護課の対応

①2月28日、道生連が相談にのり、保護課から1万円を支給してもらい、その日はネットカフェに泊まりました。翌日この間の経過などを聞きました。この時、精神障害の疑いがあったので、精神保健福祉士にも同席してもらいました。その中でさらに精神疾患の疑いが濃厚になり、「支援する会」のグループホームへの入居をする

ことになりました。後日、精神科専門医の受診を受けたところ、ギャンブル依存も含めた精神疾患とPTSDと診断されました。

② いろいろと保護課に迷惑を掛けたことは間違いのない事実でしょうが、それでも道生連に助けを求めてきた当人の話を聞き、相当な暴力的行為を受けていたことが判明しました。

現在左足のひざから足にかけての神経が麻痺しており、まともに歩くことができません。元に戻るまで6週間かかるとの医師の診断ですが、これほどひどい仕打ちを受けたことを保護課担当ケースワーカーに話をしてもまともに取り合ってもらえず、事務的な扱いをし、しかも、「H氏から借りたという金額をきちんと示さなければ保護費の振り込みはできない」という措置を取り、心に傷を負った当人に対し、一層の心の傷をえぐるようなことを行う担当ケースワーカーの言動は許しがたいものです。

③ しかも、4月分の保護費の決定通知書も送付してくれず、そうした実情を「支援する会」から連絡をしているにもかかわらず、身体的精神的回復を優先させることをせず、被保護者の行動の問題ばかりを見て、判断するやり方は福祉としての見方も全くなく、ケースワーカーとしての態度も実施要領から逸脱するものにほかなりません。

「借りた、借りない」（しかも当人は借りていないと言っている）の話はきちんと心が落ち着いてからでも遅くなく、ＰＴＳＤの観点からも保護費は郵送されるべきと要求するものです。重ねて申し上げますが、Ｈ氏からは一円も借りておらず、むしろ取り上げられていたものであることが事実であると思っています。

担当ケースワーカーは、生活保護に携わる人間として、問題のある被保護者に対するものの考え方をしっかりと教育することも課長として行うようお願いするものです。

以上

支援する会は、上記のように、ひとりの利用者に問題が発生していれば、その問題をしっかりと解決するために、行政へ要望書を提出して、解決のために行政と話し合います。そして、同じような問題を起こさないためにも見守りと同時に信頼をつくり出していくことに力を注いでいるところです。

こうした問題をその人だけの問題にせず、入居している仲間にも知ってもらうことで、「ひなた」の入居者の距離が少しずつ縮まっていきました。

憲法25条が保障した制度とは?

少なくない生活保護課ケースワーカーが、精神障害についてあまり詳しくありません。しかし、人間としての良し悪しについては分からなければならないだろうと思い、課長に率直に話しました。すると、「今のケースワーカーは、学校を卒業し、社会経験がないまま、福祉の職場へ配置されてきます。自分より年上の人に対する対応も知らないし、人の心が分からない者が少なくありません。ご迷惑をかけてすみません」と、課長はケースワーカーに代わって謝罪しました。

多くの人たちが「生活保護を受けている人たちはどうにもならない人」という偏見を持ち、その人の人権を否定していますが、生活保護は憲法で保障された人間らしい生活を保障する制度であることをどのように受け止めているのだろうか、といつも思います。

母子家庭になったら児童扶養手当が申請できます。重度の障害を持って生まれたら、特別児童扶養手当を申請し該当すれば受給できます。20歳になったら障害年金を受給できます。これらの制度と生活保護制度はどう違うのでしょうか。

生活保護をバッシングする人たちにそのことを聞いてみたいと思いながら、「憲法25条が人間らしい暮らしを保障している」素晴らしい制度であることを新・人間裁判での街頭宣伝など

新・人間裁判の原告が裁判の前段での集会（2016年9月14日、札幌地裁前で）

で、日々訴えさせてもらっているところです。しかし、ネットではたくさんの生活保護バッシングが氾濫していますが、一人として誹謗する人たちの実名が書かれていません。卑劣ですし、意図的に流されているような気がします。

病気になって収入が途絶える、失業して次の就職先が見つからない、障害基礎年金だけでは食べられない、そんな時に生活保護は、最低限度の生活を維持するための最後の砦としての大切な制度です。それなのになぜこうまでバッシングするのか、バッシングする人たちの「心の貧困」につらいものを感じます。

また、日本の年金制度は水準が低い

ため、多くの年金生活者は最低限度の生活を営むことができません。こんな時にも生活保護を利用すべきと思っているのですが、多くの人たちによる差別・偏見はなかなかなくなりません。この差別・偏見の「思想」が貧困を一層拡大していることは間違いないと思っています。

２０１３年から生活保護費が引き下げられ、また、年金も引き下げられてきました。こうした状況下で審査請求運動が起こり、北海道では道生連を中心に１０００件を超える人たちが顔を出して闘いに挑み、今１５３人（志し半ばで亡くなった人も出ています）が「新・人間裁判」で「人間らしい暮らしを」と訴えています。

「精神障害者を支援する会」の会館建設が

支援する会にやってくる障害者が増え続け、いたるところが人でごったがえす状況になっていました。「支援する会に来たい」と言えば、来るなとは言えず、来る者は拒まずの心意気で受け入れてしまうので、施設は常に多くの人で息苦しさを感じる状況でした。

このままでは落ち着いて作業ができない、ということになり、近くにある高齢者施設の「まごころ」の建物の一室を借りられないだろうかと、日頃から付き合いのあるこの施設にかかわりのあるアートビルシステム（現在は社名変更）の伊藤豊社長にお願いに行ったところ、「まごころが以前使っていたビルの１階を使ったらどうだろうか」と提案してくれました。早速借りることになり、共同作業所ＨＡＰＰＹは４００メートルほど離れた場所に移動して新作業所を開設しました。

その甲斐あって、会全体は静かになりましたが、なんとなくさみしい気持ちにもなりました。ともかく仕事をするためのスペースができ、集中して事務仕事が進んだのは確かです。しかし、それもほんの少しの期間で、そう長くは続きませんでした。

今度は2階の「ダリアの郷支援センター」の利用者が増えてきて、木造モルタルの建物は人の動きでみしみしと揺れ、天井が抜けるのではないかという不安な毎日になっていきました。このダリアの郷支援センターを開設したのは２００1年3月ですから、約10年の歳月が経っていました。

どこからどうしてこんなに利用者が増えてくるのか不思議なことでしたが、居心地がいいのか、食事がおいしいのか、とにかく利用者は毎日増えていきました。

そこで、もう少しゆったりと過ごすことができるようにしたいとの思いとなり、思い切って会館を建てようかと話し合い、理事会の承認も得て、新しい会館の建設へと動き始めました。

建設をするということでいつもお世話になっている石川建設に見積もりをお願いしたところ、「1億円はかかるだろう」と言われ、足が震えました。ただし、土地は借りたままであれば、違うだろうということで再試算してもらったところ、見積もりは６０００万円となりました。

使用する土地は道生連の建物が建っている部分と現在支援する会が使用している細川の持ち

「精神障害者を支援する会」新事務所オープン（2010年11月9日）

物なので、細川の部分は問題がありませんが、道生連の場合は、理事会で貸すことを決定してもらわなければならず、多少の時間はかかりましたが、その会館に道生連の事務所を置くことを条件に貸してもらえることになりました。

支援する会には幾らかのお金はあるものの、6000万円には程遠い状況でした。しかし何とかなるだろうということで、みんなに募金をお願いし、個人からの借金をすることになりました。銀行から1円も借りることなく、2010年11月に3階建の会館ができ上がりました。

支援する会の利用者からも、細川が相談役をしていたすみれ会のメンバーからも、多額のカンパが寄せられ、「みんなの支援する会の会館」が住宅街に立ち上がったのです。そして、町内会の新年会や福祉の街づくりセンターでの高齢者と障害者の集まりなどにも利用してもらっています。

変わってきた相談の質

10年ほど前から相談の質が変わってきました。

「離婚をしたいけど、家を借りるお金がない」とか、「家庭内離婚をしているけど、家を出るに出られない」とか、「アパートを借りられず、車の中で生活している」などの相談が増えてきていましたが、最近はさらに変化し、精神障害を持ち合わせた方たちからの相談が圧倒的に増えています。

最近の相談の事例を述べてみます。

◆事例1

小学3年生と中学1年生の子どもと3人世帯のAさんは、生活保護を利用して暮らしています。うつ病という病気を持っていますが、「働きたい」と言うので、簡単な事務をやってもらおうと来てもらいました。しかし、仕事をするどころではありませんでした。

話を聞いていくと、自分が思うように動けず、そのイライラを子どもにぶつけてしまう自分が嫌になる。入院するにも子どものことが心配でそれもできない。その結果、子どもに当たる。

つまり、児童虐待であることが分かりました。泣きながら話をするAさんは、私たちの目から見ても入院して治療を受けなければ大変なことになってしまう状態です。よくよく話し合って、児童相談所や学校の先生、生活保護のケースワーカーなどと連携をとり、入院することができました。少し良くなって退院はしたものの、その後も入退院を繰り返す生活をしているようです。

◆事例2

8年前に離婚したTさんは、自分の名義だった自宅を夫に贈与し、高校生と中学生と小学生の子ども3人の養育を夫にお願いして家を出ました。ところが元夫は、子どもが1人いる女性と結婚をしたために、3人の子どもたちは居場所がなくなり、結果的に児童養護施設で育ててもらうことになりました。

Tさんは精神的な病気があったため、子どもを育てられません。ところが、長男は現在25歳になりますが、精神科受診をしながら生活保護を受けていました。また三男は「新聞奨学生」として大学へ行っていましたが、昨年退学をして札幌へ戻ってきて、病気の長男のところへ転がり込んでしまったのです。一緒に暮らすことができないTさんは、子どもたちをどうしたらいいのかと悩み続け、自分の病状を悪化させています。

今後、子どもと一緒に相談を受け、将来の暮らしを考えていくことにしています。

◆事例3

現在27歳になるKさんは、知的障害のある女性です。Kさんの母親はKさんが小さい時に再婚しました。妹も生まれ、幸せに暮らしてきました。ところが母親は多重債務を抱えて離婚し、妹を連れて家を出たため、Kさんは養父に育てられました。

中学を出てから、いろいろな仕事をして働いてきましたが、スナックで働くようになってから何人かの男性と付き合うようになり、その結果、私生児として長男を出産しました。

そのため生活保護を利用したのですが、きちんと子育てすることができずに、生活保護課のケースワーカーの助言もあり、子どもを児童養護施設に預けてひとり暮らしを始めたのです。そのことがきっかけなのか、うつ状態になり、精神科受診も始めました。主治医からの助言もあり、ひとり暮らしは無理なので、今、グループホームで少しずつ心を癒しながら暮らしています。

◆事例4

パーソナリティー障害のある女性のNさんはお子さんが1人いて、2歳ぐらいまで何とか一人で子育てしてきました。しかし、自我の発達による要求が目覚めてきた子どもについていけず、泣きやまない子どもに腹を立て、子どもにつらく当たったり、自分もパニックになっていました。児童養護施設へ短期入所をお願いしたのですが、毎日、子どもの様子を聞きたいために時間を考えずに電話をしてしまいます。そのために園とのトラブルが常に起きていました。児童相談所へも頻繁に電話をしていました。

そんなことで施設から何か言われると、「私ばかり責めるので何とかしてほしい」と児童相談所に訴えます。しかし、自分の思いに応えてくれないと腹を立て、「児童相談所へいっしょに行ってくれ」という相談でした。

Nさんのお子さんにも会いましたが、全く心を開かず、何を言っても細川の顔をじっと見据えるだけでした。結果的に離婚をし、施設に子どもを預けたまま、Nさんはもんもんとした生活を続けています。

Nさんのようにパーソナリティー障害を持ちながら悩んでいる人たちの相談も増えています。

どんな相談も集団で考える

親が子どもを育てられないために、施設で育つ子どもたちが増えています。また、母親が精神的な病気のためにどんな子育てをしていいのか分からなくなっているのも現状です。

こうした家庭のために児童相談所があり、スクールカウンセラーを学校に配置したりしています。また、若年層のメンタルな診療のための診療所などが補強されてきています。ところが、そうした場所だけでは心の傷はいえず、また不安が大きくなってくるのだと思います。

そして、こうした問題は経済的な対処だけでは解決しません。相談を受ける側もしっかりと心を傾けてその方たちに接しているわけですが、簡単に解決することはほとんどありません。とても時間がかかりますし、そのうえ、そうした人たちが相談できる場所がとても少ないのも現状です。

人と人とのつながりがとても希薄になり、心の底から信頼できる友だちもいない、親兄弟とも疎遠になり、心が病んでいく人たちが増えているのがうかがえます。

北海道の精神障害数は年々増加し、２０１６年度末現在で15万７６７９人となっており、２００６年度と比較すると10年間で2万８３４９人も増加しています（第5期北海道障がい福祉計画）。これは保健所が把握した数字であり、医療と結びついていない予備軍がまだまだ水面下でうごめいています。細川の相談の中では70パーセントぐらいは心が病んでいる人たちであり、相談を通して病院へ受診をさせることも仕事のひとつになっています。

生活保護の「母子加算」が廃止されたことで裁判で闘っている原告の生活保護利用者のお母さんたちの中にも、メンタルな病気を抱えながら子育てをしている方たちもいます。それでもこのお母さんたちは、生活と健康を守る会の仲間などに守られ、自分の思いを少しずつ語っています。

原告の一人だった藺美さんの「息子と心の底から笑って暮らしたい」という思いは、心の中からの叫びだと受け止めています。

細川もこうした叫びを受け止め、社会や政治の場に向けて発信し、「貧困からの解放」という壮大なロマンを持った私たちの運動の中で、生活相談活動をこれからも続けていきたいと思っています。

そしてこのような悩みを持って相談に来る人たちの問題を一人で結論付けるのではなく、集団で話し合い、当事者の納得の基に解決の糸口を見出すようにしています。それが支援する会の相談事業です。

職員への徹底した学習

次々と事業を増やしてきたため、働くスタッフを新たに雇用していくことになります。これが大きな問題でもあります。障害者総合支援法（障害者自立支援法を名称変更し内容改正。2013年4月施行）で国からの補助金を受けて運営していくなかで、スタッフの定着と支援する会の理念を持って働くことの学習を繰り返しおこなわなければなりません。

障害当事者への思いを持った支援をし続けるために、私たち職員は学習を積み重ねています。単に精神に障害を持った人に寄り添う支援だけではいけないと思っています。支援のための原則的なことをしっかりと身に着けてもらわなければならないと思っています。そのための初任者研修や中堅者研修、職員全体での定例化した学習会をおこなってきています。「支援する会の理念と支援の原則」を身に着けるために下記のような学習のレジュメをつくっています。

学習レジュメ

1、はじめに

①なぜ、精神障害者の支援組織を立ち上げたか

・1981年　国際障害者年で精神障害者を知る

・1992年　障害者の生活と権利を守る北海道連絡会会長に細川が推薦される

・1996年　精神障害者を支援する会を結成

差別と偏見の中から生れた「若根荘」

町内会長「そんなものをうちの町内ではつくってほしくない」の言葉

から考える

②地域に根ざした、女性の住居として札幌第1号「若根荘」―そこで暮らす人たち

・入居者の境遇は親に見捨てられたり、離婚して酒におぼれるなど一人ぼっちの人生

を見る

・いびつな人生観を人間本来の生き方に変えることができるのか

③このような中で生まれた支援する会の理念…「家族のように生きようね」・心からの気遣い・助け合い・思いやり

2、「家族のように生きようね」の理念とは

＊虐げられた人生だから

＊決して本物の家族のようにドロドロしたものではなく、…またしてはいけない

＊本来、家族とは、互いの人間性を尊重し合うもの

①人として尊敬できる、②それぞれの人権を侵さない

3、そこから生まれる人間性

・青年期、成人期に心が侵され、人間としての生き方を学べないまま人生を歩んだ

・リハビリテーションの重要性

4、人のために役立ちたいと思う気持ちを

・生きるということ　・働くということ　・片づけるということ

5、支援という原則は

①精神の障害を理解する

・病気と障害を持ち合わせている

・生活のしづらさ…生活をするということでの問題

・薬を生涯離せない

②生活のしづらさへ対応

・差別と偏見をどう受け止めるか

・長期の入院で失っているもの

・自分に自信がないという思いにどう寄り添うか

③支援という中で求められているもの

・精神障害者の声を聞いて私たちは何をするのか

・薬を飲んでもらう、お金を毎日渡す、話をするのは何のためか

6、支援することとは…彼らの何に触れるのか

①利用者とどう向き合うのか

②　利用者の言うことをよく聞き、一緒に考える
③　褒めることと怒ること
④　横並びの関係をどうつくるか
⑤　人間関係を結ぶ

7、生きてきて良かったと思える人生を一緒に編み出す

以上です。言葉でとらえるとなかなか難しいものですが、この内容を日常の支援で実践するということは、心から彼らを見つめていくなら自然と身に着くものだと細川は思っています。しかし、時として、彼らを傷つけてしまい、また彼らも支援者であるスタッフを軽く見たりすることもしばしば起こります。その調整が毎日の「朝ミーティング」だと考えて、わずか30分間ですが、そこでの意思統一がとても大切であり、全スタッフが共通の思いで彼らにかかわることができるものになっています。

支援する会の三大行事

支援する会の事業は、共同作業所、地域活動支援センター、グループホーム、相談事業です。

食べ放題のお花見会（2018 年）

支援する会のクリスマス会（2016 年）

それぞれの担当者が事務所を中心に活動しています。

支援する会には三大行事、春の「お花見」、夏の「海水浴」、冬の「クリスマスパーティー」があり、この行事にはほぼ全ての利用者・スタッフが参加しています。

お花見は、花そのものを見ることはほとんどなく、食べ放題で、この日の飲み代は会が負担します。ただし、ビール3杯までと決めており、酔って人に迷惑をかけるようなことはありません。以前は、そうしたルールがなかったため、悪酔いする人もおり、規定を設けています。当然、精神科薬との問題も発生しないようにとの配慮もあってのことです。

夏の海水浴は、小樽ドリームビーチの海の家を利用し、多少の雨でもみんな楽しく参加しています。海風にあたること、水際で足をつけることなどで「風邪がひきにくくなる?」として心ひとつにする行事です。

その小樽ドリームビーチも2015年、小樽市の諸事情でなくなってしまい、海水浴は銭函に移動しておこなうことになりました。大の大人が、鬼ごっこをしたり、宝探しをしている様は、海水浴に来ている人たちにどう映っているのか考えると、笑いがこみあげてきます。

またクリスマスパーティーは、とても大がかりなものです。年々参加者が増え、利用者、スタッフ、会員や来賓の参加で100人にもなります。内容もカラオケ大会やそれぞれの事業所ごとのグループで出し物を決め、劇や踊り、ダリアバンドなどの練習成果を披露し、とても盛り上がっています。参加費はプレゼント代も入れて1500円です。

食事も一人ひとりが食べられるように弁当形式にして、チラシや作業所で販売しているゼリーなども出され、この日ばかりは飲み物もたっぷりと用意されます。また、最後のお楽しみプレゼントはお米やお菓子、日用品などが用意され、３００円の負担でいろいろなものが当たる仕組みです。周りの人からいただいたものなどを1年かけてためておいての放出となっています。

楽しいことはいくつになっても楽しいもののようです。

利用者の実態に基づいての交渉

◆啓子さんの場合

ひなたに入居した雅仁君の問題も行政と交渉して改善させてきました。65歳になった時に障害者総合支援法（当時は障害者自立支援法）での利用から原則、介護保険へ変更するように法律が変わりました。そのことも障害者、特に精神障害者にとってはいろいろ問題があるところです。

今は亡き啓子さんは、統合失調症でいつも妄想に悩まされながら生きていました。通所施設に時々来ないことがあるので電話をすると、「細川さんがダリアに来るなと言うので行きません」と言うのです。「細川は言っていないよ」と言うと、電話の向こうで「そうですか」と、すぐその言葉を信じて通所してきます。居宅サービスでヘルパーさんに来て支援をしてもらっていたのですが、時々ヘルパーさんを悩ませていました。

この啓子さんが65歳になり、原則・介護保険への移行の通知が区役所からきました。啓子さんは生活保護を利用していたので、「介護保険へ移行したとしても利用料はかからないし、同じ事業所のヘルパーさんが支援をするのだから何も変わらない」というのが区の言い分でした。

支援する会としては、どうするか、常任理事会を開いて話し合いました。「確かに区の言い分は分からないわけではないが、啓子さんの妄想や精神科薬が飲めない問題などを考えると、今までどおり自立支援法での支援を受けるべきではないか」との結論に達しました。

そして、その年の全生連の年末交渉に参加し、厚生労働省に「今までどおり自立支援法での適用にはならないのか」と迫ったところ、「原則は介護保険への移行となるが、その支援を受ける方の状況が、介護保険での適用が困難な場合には、引き続き障害者自立支援法を適用することができる」との回答を得ました。札幌市との交渉でそのことを確認し、終身、障害者自立支援法の適用を受けることができました。

◆光子さんの場合

2015年6月、難病で障害者認定を受けた光子さんもその一人です。

ようやく北国の風も和らぎ始めた春のこと、中央区にある介護事業所の職員からの紹介で、悪性リウマチという難病を抱えた光子さんから、「68歳まで障害者総合支援法で福祉サービスを受けていたのに、69歳になったから介護保険の認定を受けるようにと、区役所から職員がやって来て言うのですが、どうしても介護保険に移行しなければならないのでしょうか」と電話での相談がありました。

このような相談は電話だけで済まされないので、訪問をして詳しく聞いてみました。今まで何事もなく、障害福祉サービスでの適用を受けて、週1回120分、ヘルパーに来てもらい、どうしても自分のできない掃除を中心にサービスを受けてきたとのことです。また、現在の生活は、持ち家（マンションの一室）のため家賃がかからず、障害基礎年金2級で暮らしているため利用料はかかりません。

ところが、介護保険に移行された場合、利用料の一割負担が3000円弱、また利用時間も減らされるというのです。こんな理不尽なことが起こるのが、65歳問題という矛盾ではないかと常日頃、国に対しても意見を述べてきたのですが、まさに現実の中でその問題に遭遇したのでした。

区役所の担当者に電話で問い合わせたところ、65歳過ぎて障害福祉サービスになっていたのは行政の落ち度であるようでした。移行することでの生活のひっ迫や時間が縮小されることについても「それは制度による問題だ」と言ってのける職員にかみつきながら、考えてくれるように話して電話を切りました。

後日、係長と担当職員が光子さんの自宅に訪ねてきて、実態調査と聞き取りをして帰りました。その結果、今までどおり障害者福祉サービスでおこなう決定をもらうことができました。

その後、統合失調症の美っちゃんも68歳になった現在、障害者総合支援法を活用してヘルパーさんの支援を受けています。


このように利用者の生活実態に沿った交渉をしながら利用者の要求を実現していくことが支援する会では当たり前になっているのですが、100パーセント実現するとは限りません。だからこそ、繰り返し要求すること、法律のはざまにある問題などを行政と話し合っていくことが大切です。一方で、厚労省に実態を突き付けて分かってもらう、考えてもらうことのなかで、厚労省は通知などを出さざるを得なくなります。そして、要求は前進していくことをその都度実感してきました。

これをあきらめて途中で止めていたなら、そこからは一歩も進みません。だから全ての障害者の要求を実現しようと、全国的には裁判で闘う姿も増えています。

「原則65歳は介護保険に移行」という問題も一歩前進できたと思っています。

犯罪との関係と障害者支援

札幌刑務所からの手紙がよく届くようになったのは、ここ数年です。その多くは、「出所した時の住む家がないので、どうしたらよいか」というものですが、その多くは覚せい剤による受刑者からのものです。その中でも知的障害や精神的障害の状況にある人たちの相談は受けてきていますが、再犯を繰り返す人が多く、私たちだけでなんとかなるようなものではないので、弁護士や精神科医、一時支援をおこなうシェルター事業所などとも連携を取りながら支援をしてきています。

現在、私たちの会には病状が悪化して間違って親を死なせてしまった人や万引きを繰り返してきた人も結びついていますが、障害を抱えた受刑者への刑務所の中での福祉的支援はほとんどなく、出所後また罪を犯す障害者も少なくないのが現状です。ですから、再犯を防ぐための国としての施策を充実させるとともに刑務所内での係わりも手厚いものにならないものかと思うところです。

そうした中で私たちの所へ「何とか手を貸してほしい」とやってくるため、放置するわけにもいかず、ついついスタッフに多大な負担をかけながらの支援が始まります。

２０１５年2月、38歳の若さで亡くなった凡ちゃんは支援する会の支援を受けて暮らしていましたが、精神と知的の重複障害を抱え、弟の義和を道づれに窃盗を繰り返しながら生きてきました。そのため刑務所生活を繰り返してきました。

「何らかの支援をしてくれないか」と医療機関にかかわっている職員からの依頼もありました。あるいは、労働と福祉を考える北海道の会にかかわっている司法書士さんから持ち込まれる問題もあります。

それらは片手間でできるような支援ではなく、時間と手間をかけて支援をしなければならないことになります。それでも相談されると手を貸さないわけにはいきません。支援する会の理念に基づいて活動しているからこそ、職員の人たちも真剣に取り組んでくれています。

支援をしてほしいとやってきた直之さん

2006年の秋、日の暮れるのも早くなる季節になってきた頃です。突然電話がかかってきました。

「もうお金がない。上手くお金が使えないので支援してほしい」と言います。「こちらに来れますか」と話すと、「今すぐ訪ねたい」とのことです。本当に困っている様子です。17時を過ぎていましたが、「待っていますよ」と返事をして待っていましたが、なかなかやってきません。お金がなくて、6キロほどの道のりを歩いてきたことが支援する会に到着してから分かりました。

　大きな体に暗い顔の直之さんは、「朝から食事もしていない」と言うので、ありあわせのもので夕食をとってもらい、話を聞きました。

「生活保護は受けてはいるけれど、お金をうまく使うことができず、分割で保護費を支給してもらっています。2万円支給してもらうと、3日しか持たなくてご飯を食べるお金もない」と言うのです。

「何に使っているのですか」

「本がほしくて1万円の本を買ってしまった」

「あとは何に使ったのですか」

「大盛りのチャーハンとラーメンを食べて…」

　とにかく10円玉を何枚かしか持っていません。買った本をすぐに古本屋に売って200円を得ましたが、おにぎりしか買えなかったので、今日は何も食べていないと言うのです。

　両親など身内のことを聞くと、父は他界しており、母はどこかの施設にいるけれど、弁護士によって成年後見制度が適用されており、教えてもらえないと言います。

　後に分かったことですが、直之さんは両親に暴力を振るい、お父さんはそのことで亡くなっており、暴力を振るう原因は何かと言えば、お金を要求し、もらえなければ暴力を振るうとのことです。ですからお母さんも同じようなことになると大変だということで、行政によって保

護されており、弁護士3人が成年後見人となって直之さんには知らされないようになっている
とのことでした。

翌日に保護課に電話をし、直之さんを伴って係長と担当ケースワーカーに面談することにな
りました。

「とにかく助かりました。毎日何回も電話をかけてきて苦慮しておりました」と、担当ケース
ワーカーは言うのです。その時は直之さんの障害が何なのかもあまり気にせず、残りの扶助費
を受け取って、その保護費を管理することを条件に支援が始まりました。

保護費の中から通所する交通費を捻出できないこともあり、かと言って毎日6キロを歩いて
通所することは困難です。送迎するなどの支援をすることもなかなか難しいので、転居をする
ことを決めました。転居費用について保護課と話し合い、敷金などを支給する条件の15項目の
うち、「病気療養上著しく環境条件が悪いと認められる場合（後略）」（2006年度）の項目を
適用し、担当医師の助言を受けて転居をすることになりました。

そのためにはまず住んでいる部屋を見なければなりません。片山和恵さんが同行したのです
が、驚くべき部屋の状態でした。

「ワンルームだけど、床が見えない状態です。まず、要らないものと必要なものを分けてから
でないと業者に頼めない」とのこと。まずは片付けるところから始めることになりました。転

居の前日に7人のスタッフで訪問し、土曜日の午前10時から片付け始めました。床が見えないどころか、30センチぐらい新聞や雑誌が積み重なっていて、部屋の中に入るのにはそれを踏み越えなければなりません。玄関を担当したスタッフは畳1畳分の片付けに30分もかかり、ようやく床が見える状態になりました。

この人は一体どのようにしてこの部屋に出入りしていたのだろうか、どこで寝ていたのだろうか、と考えあぐねながら部屋の中をのぞくと、ワンルームの奥のほうに体が潜れるぐらいのスペースがあり、布団が丸く敷かれています。寝るというより、潜るという状態で寝ていたことが片付けていくなかで、分かってきました。

彼の財産と言えば何もなく、たくさんの本があり、それが彼にとって財産のようなものだったと思います。とにかく新聞紙や汚れた下着などは、本人の同意を得てビニール袋に詰めます。持っていくものを箱に詰め込む作業はお昼になっても終わらず、一日がかりの片付けとなり、翌日に無事引っ越すことができました。

転居してからは、通所にかかる時間はわずか5分で、毎日きちんと通所してきました。しかし、整理整頓などは全くできません。

彼は高度な法律などを滔々と話します。その反面、洗濯ひとつできないことが分かり、ヘルパー制度を活用することになりました。ヘルパーセンターに当時勤務していた吉田陽子さん

（支援する会監事）に連絡を取り、訪問してもらったのでした。

その後、お母さんも亡くなり、現在は両親が残した遺産で生活していますが、お金を使いたくなると、「出て行く」と言います。

支援してくれると言う弁護士と直之さんがどのようにして結びつくのか分かりません。しかし、弁護士との契約を交わして、「出て行きます」と、この10年間で3度も契約を解除して出て行きました。ところが、数か月もすると弁護士に多額な違約金を支払っても、「もう一度戻りたいので支援してください」とやってきます。

支援する会の方針は、「支援契約を解除して出て行く」と言えば後を追いません。そのため、「また支援してほしい」と来たとしても受けないことにしています。ところが直之さんの場合は、支援する会の玄関に1時間でも立ちつくしており、周りの利用者も「可哀そう」と私たちに言うので、その言葉にほだされてしまいます。そして、支援する会に舞い戻ってきて4回目の支援をしています。

精神科医師からの依頼で結びついた麻実ちゃん

毎日の支援の中で精神障害者や知的障害者からの相談は後を絶ちませんが、中でも重複障害を持った人の支援は大変です。

現在、社会福祉法人「さっぽろひかり福祉会」の理事長で、当時、北大病院で精神科医療に携わっていた上野武治先生から突然電話がありました。

「子どもの時から見ている人なんですが、どうも親とうまくいかず、少し日常的にかかわってやってもらえませんか」と。

支援する会の理念の一つが、「来る人は誰であっても拒まず」です。当然快く了解し、すみれ会に通所していた麻実ちゃんに会いました。見るだけで知的に障害があることが分かる人でした。

それでもいろいろ聞いていくと初対面でしたが、「私口下手だから、あまり話すのが得意でないの」と素直に話してくれたのです。「随分と話してくれているけど、それでも話せていないと言うの」と聞くと、にこっと笑ってはにかむ姿はとてもかわいらしく、心が触れ合うことができたと感じた初対面でした。

以来、10年を超えて現在は「若根荘」に入所しています。支援する会がかかわり始めた当時、父親も支援する会に来所され、「とても楽になりました。これからもよろしくお願いします」と大変喜んで帰られました。ところが、その後、父親が他界し、残った母親は「麻実と暮らすことは無理」ということで高齢者施設に移ってしまったために、支援する会の近くに麻実ちゃんを転居させ、生活全般の支援を始めたのです。

しかし、いろいろな問題が起こりました。自分の住んでいるアパートの玄関前のごみ収集場所からごみを持ってきて、「誰かが嫌がらせに私の玄関前にごみを置いて行った」とか、「ガスが漏れているみたい」と消防車を呼んでしまったりとか、土・日や夜間に男性を引き入れたりするとか、などでひとり暮らしをさせられないと判断し、麻実ちゃんと話し合って、グループホームで暮らすことになりました。入居者との多少のもめ事はあるものの、何とか平穏な日々を送っています。

路上生活から結びついた坂ちゃん

2003年11月、寒さが身に凍みる季節になっていたある日のことです。北海道民主医療機関連合会（以下、民医連）の職員から「大通公園で暮らしている人の相談に乗ってほしい」と電話がありました。髪が肩まで伸びて痩せこけた、それでもどこか可愛らしい笑顔を見せる40代の坂（ばん）ちゃんという男性を伴って、その職員が労福会の学生さんと一緒にやってきました。

「ご飯は食べているの？」と聞くと、「うん」と言います。うまくしゃべれないようなので、同行者から説明を受けたところ、キリスト教会がやっている炊き出しで食べさせてもらっているとのことです。最初にご飯のことを聞くのは、相談に来る人の多くは食事にありついておらず、まず腹ごしらえをさせてから、話を聞くことにしているからです。

民医連の職員が時間をかけて聞き出した話をまとめると、次のようなことでした。

札幌の中学を卒業後、ペンキ屋で働いていたけれど1年もたたずに辞めてしまい、その後、ボーリング場で働いていた。姉夫婦の家に母と本人も同居していたのだが、姉夫婦とうまくいかなくなると家を飛び出し、路上での生活をして、寒くなるとまた戻るという生活を繰り返していた、ということです。

療育手帳を所持しており、1999（平成11）年に判定を受け、障害の程度はBとなっていました。そのうえに34歳の頃にくも膜下出血で手術を受け、「破裂脳動脈瘤により右上肢機能の著しい障害及び言語機能喪失」の障害もあることが分かりました。

話を聞いていても、都合の悪いことは答えません。それでも同居していた家の住所と電話番号を聞き出すことができましたが、なぜ路上生活になったのかについては口を閉ざしてしまいます。

それでも今後の生活をどうするか、本人の意思を優先しなければなりません。「これからどうして暮らしたいか、答えてくださいね。①今までどおり大通公園で暮らす、②家に帰る、③部屋を借りて一人で暮らす。どれがいいですか？」と細川が訪ねたところ、「③」と大きな声で答えるのでした。

なかなか真実がつかめないのですが、いずれにしても路上での生活は大変なので一時的に救護施設に入所してもらい、その間に部屋を探す約束をして、中央区保護課にその手立てをお願いしました。支援する会の近くで部屋を探したところ、生活保護基準での家賃のアパートが見つかり、不動産会社も「障害があっても支援する会が保障してくれるのならいいですよ」と快く契約することができました。

この頃の大きな問題は、障害者が地域で暮らすためにアパートを借りようとすると精神障害者の場合は、保証人がいたとしても即座に断られてしまい、知的や身体の障害者の場合は、保証人がいないために借りることにつながらないということでした。

支援する会が活動し始めて7年を迎えていました。この頃になると私たちの活動が少しばかり地域に定着してきたことが感じられるようになってきました。それは、障害を隠さなくても、部屋を貸してくれる大家さんが出てきたことでした。

坂ちゃんの話に戻りますが、部屋が見つかったということで、救護施設から地域に移り、生活保護も決定しました。坂ちゃんは、支援する会に毎日通所し、人間らしい生活を取り戻し、ニコニコと笑顔で暮らすようになっていました。その姿に私たちは心から喜んでいました。

ところが、ひと月もたたないうちに、保護課から電話がありました。「資産があるので、生活保護が適用できません」と言ってきたのです。坂ちゃんは障害年金を受けており、郵便局に180万円の預金があるということが分かりました。

当然、本人はその通帳も持っておらず、家族が知っているのだろうということになり、実家に連絡したところ、姉夫婦がやってきました。

姉が言うには、「弟はお金を持つと酒を買ってしまい、タバコもやめません。それをたしなめると、出て行ってしまい、帰ってこなくなっていたんです」と。

姉夫婦が連れて帰ると言うと坂ちゃんは、「バカ！　帰れ！」と、今まで聞いたこともない声を出し、仁王立ちになってしまいました。それを細川がたしなめると止めますが、姉が「何言っているの。かあさんも心配しているよ」と言うと、また、「バカ！　帰れ！」と、大声で叫ぶのでした。

仕方がないので、「本人が一人で暮らすと言うのですから、何とかその方向にしてあげたらどうですか」と言うと、姉は「そんなふうにやさしくするから帰らないと言うのだわ」と怒り出します。それには困ってしまったのですが、「とにかく今日のところは帰ってください」と引き取ってもらうことにしました。

それでも障害年金が１８０万円あることが分かり、そのお金があるために生活保護は利用できないことだけは事実ですから、どうしたものかと思いながら翌日、坂ちゃんに、「家へ帰る気はないの」と聞くと、「いや、帰らない！」ときっぱりと言い切ります。姉に電話でそのことを話し、「障害年金を本人に渡してほしい」と頼んでみましたが、「絶対に渡さない」との返事が返ってきました。

何日か経っても坂ちゃんはニコニコと通所し、帰らないと連発していたために、顧問弁護士と相談し、「本人に返さなければ、それなりの手段をとります」と通告してもらい、一方、「郵便貯金通帳と印鑑を紛失してしまった」と郵便局に「紛失届」を本人にしてもらい、あわせて日本年金機構へも障害年金に関する連絡をとりました。手続きには多少時間がかかったものの、無事本人が受け取れるようになり、いったん支給された保護費もその中から返還し、坂ちゃんの新しい生活が始まりました。

重度の障害を持っている坂ちゃんが一人で暮らすとなると、それは人間らしい生活にはならないと判断しました。土・日を中心とした生活援助ということでヘルパーさんに入ってもらい、掃除や洗濯を中心に支援をしてもらいながら、月曜日から金曜日までは支援する会で昼食と夕食を提供し、日中活動にも参加してもらうことにしました。その結果、毎日を楽しそうに過ごすことになりました。

ところが2010年に大腸ガンを発症し、札幌白石区にあるがんセンターへの入退院をくり返すようになってしまいました。それでも坂ちゃんはお見舞いに行くと、ニコニコして買っていったヨーグルトをおいしそうに食べてくれていたのですが、亡くなる少し前には、ひと口しか食べられなくなっていました。

坂ちゃんが大腸ガンでどれだけの命か分らないと言われた時に、生活保護課ケースワーカーを通して姉に危篤であることを知らせてもらいました。しかし、生きているうちは顔も見に来てもらえず、「お骨だけは引き取ります」と言っていたとケースワーカーから連絡がありまし

坂ちゃんを送る夕べ（坂ちゃんが大好きだったHAPPY共同作業所で）

た。

　坂ちゃんは身内の縁は薄かったものの、支援する会に来てからはボーリングを通してたくさんの仲間ができましたし、「おはよう」とニコニコと嬉しそうに通所していました。そして、細川に毎日のように飴玉をくれ、どんなに病気がつらかったろうに、それでも毎日ニコニコしていました。２０１４年2月2日に命の火が燃え尽きてしまいました。

　支援する会として葬儀をおこなうことを決めて、いつもお世話になっている札幌葬祭総合センターにお願いをし、坂ちゃんがいつも楽しく作業をしていたＨＡＰＰＹ共同作業所で葬儀をすることにしました。結成から18年も経つ中で初めてのことでした。また送る夕べには、最初にかかわった民医連で働いていた方も参列してくれました。

葬儀を終えて少し経ってから、姉がお骨だけを取りに来られました。これでようやくいつも気にしていたお母さんの許へ戻ることができ、坂ちゃんもうれしかったことでしょう。

ギャンブル依存症だと言う千ちゃん

ギャンブルを止めるために入所した訓練施設で二度にわたって規則を破ったために「即刻退去」の命令が下された千ちゃんから、２０１４年6月の初めに、「助けてほしい」と電話で連絡がありました。お母さんに連絡をしたのですが、「今具合が悪くて、息子のことどころではない」との返事です。いずれにしても明日退去しなければならないとのことで、ＮＰＯ法人「みんなの広場」にお願いして本人を迎えに行ってもらいました。所持品は後日取りに行くことにして、一時生活宿泊所へ身を寄せてもらいました。

細川は精神障害者回復者クラブＮＰＯ法人「すみれ会」の理事の一人として毎月、生活相談をしているのですが、細川が千ちゃんと知り合ったのは、そのすみれ会の準指導員として働いていた時からです。

しかし、そのすみれ会で準指導員をやっていた時にも千ちゃんがパチスロに走っていたことはあまり知りませんでした。千ちゃんが問題を起こし、理事会での討議のなかで、その重症さを知ることとなりました。

千ちゃんは30代後半まで一般企業で働いてきたと聞いていますが、青春時代に統合失調症や躁うつ病などが発病した人たちと違い、社会的常識も備わっています。頭の中ではいろいろ分かっているわけですが、変な言い方をすると、「物の怪に取りつかれた」かのようにお金を持つと「パチスロ」に走ってしまうために、精神科での治療が必要だと思っています。

精神科薬を服薬することで一定の安定をみることはできますが、統合失調症や躁うつ病などのようにその症状を薬で抑えることはできません。そのために、自立訓練施設に入所し、依存症を断ち切るために訓練をしようと心からそう思って、千ちゃんは「サマリヤ会」に入所したのだと思います。

当然、今後の住む場所を見つけなければならないので、保護課に敷金などの転居費用を申請しましたが、「敷金など初期費用がかからない住居を探しなさい」と言われました。そのことを不服として審査請求をしましたが、棄却されてしまいました。

千ちゃんの「助けてほしい！」との声を受け止めることにしました。支援する会は自立訓練施設ではないのですが、依存症という障害を持った人に寄り添っていくことはできますし、毎日の働きかけも重要です。そうした点から考えると、支援する会の近くに住んでもらわなければ毎日の働きかけは難しいので、支援する会が借り上げたアパートに住んでもらうことにしました。

千ちゃんはその時から地域活動センター「ダリアの郷」に朝10時から通所し、昼食と夕食を仲間とともにとり、5時30分を過ぎる頃に自宅へ戻っていきます。また、月曜日から金曜日までは薬とお金を毎日の日渡し、土曜日に日曜日との2日分を支援員から受け取る生活をしています。

現在も真面目に通所していますが、ギャンブルから脱却できているとは思えません。これからが本人の課題であると思っています。もし、私たちのように支援する者たちがいなければ千ちゃんはどうなってしまったのか、それを考えると鳥肌が立ってきます。

千ちゃんは生活保護を利用して訓練を受けていました。その訓練施設から退去を命じられ、支援する会の近くに住むために部屋を借りなければならなくなった時、転居費用が支給されなかったために生活保護費の中から分割で支払いました。

生活保護という制度は、日本国憲法第25条に基づき、困窮する程度に応じて必要な保護をするものだと理解しています。しかし、その程度に応じて支給ができるかどうか決定されるのですが、依存症という病気を持ち、今回のような失態を起こした時に生活保護としてはどう手立てをとるのか、を考えるべき大事な課題だと思います。

そのために、転居に伴う要件が明示されています。その解釈を正しく受け止めなければ、一人の生活保護利用者の命を奪うものになってしまうのではないかとつくづく思うところです。

生活保護制度とは、そういうものではないと思っています。

２０１８年5月、退去させられて4年が経ちましたが、一度もギャンブルに手を染めずにこられたことを2人で改めて確認しました。いったい何がそうさせたのか、不思議としか言いようがありません。

ギャンブルを断ち切るために入所した施設で断ち切ることができなかったのはどうしてなのか、細川にはいまだに分かりません。いずれにせよ、私たちのかかわり方は、一緒に考え、その人の思いに寄り添っていくことで当たり前に生きていくことができるという点をお互いに確認し、しっかりと受け止めながら進めていくことです。そうすることで目に見えない何かが働いているような気がしています。

長い年月の中で、いろいろな方たちにいろいろな支援をしてきたわけですが、だまされたことも多々ありました。

支援する会を立ち上げて、２０１６年6月に20周年を迎えました。長いようで短かった20年です。改めて今、残された人生の出発点なのだと決意しています。

第3章

貧困からの解放・生存権保障の運動へ

——憲法25条を守り、「健康で文化的な生活」を実現するために

生活と健康を守る会に誘われて

最初に記したように、「精神障害者と共に生きよう」と決めることになったきっかけは生活と健康を守る会へ誘われ、入会したことでした。

働くことがとても好きだったためか、結婚しても仕事はしたいとの思いから、住まいから近い豊平区平岸にあった絵や装飾品などを扱っている商店にパートとして勤めました。1975年の夏でした。

その商店の家族はとても気のいい人たちで、親戚のような付き合いをしてくださり、働きやすいお店でした。そこに来るお客さんたちともとても気軽に話ができ、店じまいをしてから飲みにつれて行ってもらうなど、生き生きと楽しく仕事をすることができていました。

1977年の夏のことです。そのお店にちょこちょことといらしていた女性が「守る新聞」をかざして、「命とくらしを守る会ですが、入ってくれませんか」と神妙に言いました。その新聞を見ると、なんだか生活の匂いがしました。「今まで人にも迷惑をかけながら勝手放題に生きてきたので、少しは人のためになることもしてみたい」と思っていたので、「いいですよ」と気軽に返事をしました。

入会して「守る新聞」を読むにつれ、後でも述べますが、私が生きてきた中での貧困と比べものにならないことが社会の中にたくさんあることを知りました。驚きと怒りに胸がいっぱいになっていく自分の心をどうすることもできず、随分と悩みました。

細川がこれまで生きてきた中で、「社会保障制度がどれだけ大事なのか」など考えたことなど一度もありませんでした。学校で憲法は習ったものの、「社会保障という制度は憲法25条が保障した制度」であり、生きていく中で全ての人がかかわらざるを得ない制度だなどと改めて考えられたのは、生活と健康を守る会に入会し、悩みを持った人たちに触れてのことでした。

若い頃に勝手にした苦労とは比べものにならないほど、生きるということの悩みや苦しみ、悲しみに触れ、「人間らしく生きる」というための社会保障制度が大事であることを学びました。制度化させたり、拡充させたりするために行政に対して要求していくことが大事なのだということも相談活動の実態からつかめることができました。社会や政治の矛盾を改善していく運動が生活と健康を守る会の活動なのだということを何年も経ってから気づかされて、今日に至ったのです。

「人の困ったことに手を差しのべるぐらいなら」と軽く思って入会した時期は、オイルショックで生活用品が値上がりし、買い占めがあちらこちらから聞こえてくる時代でした。

本格的な相談員になるために

入会した当時は、札幌東部生活と健康を守る会の平岸班に所属し、会費の集金に行くとか、「守る新聞」を配達するなどをしていました。

ある日、一軒の母子家庭の家を訪ねた時に、「もう会をやめたいんだけど…」と言われ、戸惑いました。「なぜですか」と聞くと、「会費だけ払って何のメリットもないので…」と言います。なぜこの会に入ったのか聞いたところ、「夫が会社から帰ってテレビを観ていた時に、突然倒れ、そのまま帰らぬ人となってしまったために、1歳の双子を抱えて明日からの生活をどうしょうかと思い、泣くことさえできなかった」と言います。

その子どもたちも今は中学生になっていました。その話を聞いて、細川が今まで生きてきた貧困とは比べものにならない人生がこの社会にあるものだと思いました。これからの子どもたちの進学など、奨学金制度などの活用に力になれるのではないかと、あまり知らない制度をたどたどしく説明し、その人の心に少しだけ触れることができました。その後は心を少し開いてもらえたことが、今でも忘れられません。

その後、「守る新聞」を隅から隅まで読んで、学び始めました。しかし、その新聞から見えてくるものは貧乏な話ばかりです。読むたびに疲れてしまう現実に圧倒されました。このような新聞を読み続ける人たちはどんな人で、またその貧困な人たちにとって生活保護を利用することが大切なことではないかと思っているうちに、北海道生活と健康を守る会連合会（以下、道生連）の当時の会長だった舘本一豊さんに声をかけられ、気が付いたら、道生連の役員の一人になっていました。1978年9月のことです。

「こんなひどい貧困が今でも続いているのは、なぜなのだろうか」と思う気持ちが深くなっていきました。そんな気持ちを引きつけたのが「貧困からの解放」を掲げて1954年に結成された全国生活と健康を守る会連合会（以下、全生連）でした。その運動の虜になってしまい、全生連運動を今も続けており、32年間にわたって全生連の役員などにかかわってきてしまいました。

全生連の全国理事として道生連から推薦されたのは、生活と健康を守る会へ入会して4年目の1980年の秋でした。初めてかかわる社会変革の運動に身を置くことを自分の生涯の仕事にしたいと夫と話し合い、夫の理解を得て、今まで自分が生きてきた人生とは全く違った中で、苦しんでいる人の相談に乗って、少しでも人間らしく生きることの手助けができればと決意し、生涯「生活相談員」として生きることになったのでした。

人々の困りごとなどの相談を日々受けるなかで、精神障害者の方々と触れることになりました。それは時の政府が1981年に福祉・社会保障に全面的な攻撃をかけてきた、あの臨調

「行革」路線が日本全国に吹き荒れはじめた年でした。

日本国憲法が保障した社会保障・福祉制度に触れていくなかで、人の命を守り、人間らしく生きられる社会保障の実態ではないことに遭遇しました。そこからがむしゃらに行政とも喧嘩しながら運動をし、日本国憲法に基づいて制度を拡充することに、今もって尽力しています。

社会保障制度を拡充させる全生連運動

少しばかりの正義感は、あの嫌いだった父譲りだと思っています。中学時代に室蘭鉄鋼の大ストライキがありました。その記事を読んだ時に、そこに置かれている子どもたちはどうしているのだろうかと思い、クラスのみんなに訴えて、その子どもたちにノートや鉛筆を送ったことがありました。誰に言われたわけでもなく、なんとなく、人の痛みが自分の痛みになっていく…。それがあったから生活と健康を守る会の会員となり、生活相談員として人の心に触れてこられたようにも思っています。

しかし、社会保障とはなんなのかも全く知らなかった自分です。そんな自分ですが、学ぶことが大好きなことが良かったのかとも思います。

１９７８年９月５日に芦別市で開催された「道生連第16回大会」で道生連事務局次長に選ばれました。今は亡き舘本一豊会長から、「悪いようにしないから道生連に来てくれ」と言われましたが、それは次長という大役を与えられることだったのか、と後に思ったものです。月額5万円という給料でしたが、道生連の財政担当と生活相談員として活動しました。毎日が充実していました。

1979年に社会保障の一括改悪がなされました。そして、1981年11月に生活保護削減を目的にした123号通知が当時の厚生省から出され、生活保護を利用しようとする人たちへの人権侵害が多発しました。生活保護申請に付き添っていくなかで、行政への怒りが日増しに募り、法律を無視する行政の職員が異星人のように映りました。行政への不信感は頂点に達していました。

国民健康保険証は金で買うものなのか

私が歩んできた運動に少し触れてみたいと思います。

国民健康保険は、病気になった時に誰もが安心して医療を受けることができる制度だと思っていました。札幌市では保険証の交付は郵送になっていたのですが、1983年、保険料を滞納している世帯には窓口に保険証を留め置き、いくらかでも保険料を払わなければ保険証を更新しないという事態が始まったのでした。

東区守る会の役員だったマサ子さんの世帯は、夫が薄野でバンドマスターの仕事をしており、3人の子どもを抱え、子育てにお金がかかるようになり、保険料を滞納していました。保険証が窓口に留め置かれ、窓口に来るようにとの呼び出し状が届きました。まだ就学前の子どもたちです。病院とは縁が切れず、保険証がなければ大変です。「窓口に行って保険料は後から払うと言って、保険証を交付してもらっておいで」とアドバイスしました。「窓口の職員は『幾らかでも払ってください』と言って保険証を交付してくれないので、500円払ってもらって来たよ」とのことでした。

「子どもが病気になり、すぐに病院に受診させたいと思っても保険証がない。保険証を交付してもらうためには、保険料を払う。すると今度は病院代に事欠く事態が起きてしまう。どうしたらいいのか」との多くのお母さんたちの声から、札幌市との大きな交渉が始まりました。

当時の国保課長が「病院に受診しなければならない時には、無条件で交付します」と約束はしたものの、滞納している世帯にとっては、とても心苦しいものになった国保行政の改悪の始まりでした。

「私たちは国保料を払いたいのです。でも高くて払えないので、払える保険料を払わせてください」という国保110番運動が、その後、1987年10月から始まり、今もってこの運動が続いています。

また、「医療費を払うと生活が成り立たないので、加入者が支払う一部負担金を減免してください」という運動も1984年に始まりました。1981年から国際障害者年が始まったこともあり、その頃の細川の生活相談の中に、今まで見えなかった精神障害者の方たちの相談が相次ぎました。

50代のお富さんは、働きながらの子育てのなかで統合失調症が発病し、入退院を繰り返す生活をしていました。3級の障害年金だけでは生活できなかったために、生活保護を利用していました。ところが6か月の入院生活を過ぎても退院することができず、住宅扶助が出なくなり、生活保護が廃止されてしまったのです。4万5000円の障害年金では、家賃を払うと医療費が払えなくなってしまいます。どうしたものかとの相談がありました。全生連が当時出版していた『暮らしに役立つ制度のあらまし』を頼りに見ていくと、国民健康保険法44条が目にとまりました。

国民健康保険法第44条

1　保険者は、特別の理由がある被保険者で、保険医療機関等に～中略～一部負担金を支払うことが困難であると認められるものに対し、次の各号の措置を採ることができる。

一　一部負担金を減額すること。

二　一部負担金の支払を免除すること。
三　保険医療機関等に対する支払に代えて、一部負担金を直接に徴収することとし、その徴収を猶予すること。（後略）

お富さんの場合はこれに該当します。お富さんと話し合って、申請をしました。入院先の病院にもそのことを話し、医療費の支払いを待ってもらいました。ところが20日たっても区役所からは何の返答もありません。

そんな時に市営住宅に住んでいた昭太郎さんから電話がありました。「具合が悪くなってしまい、入院しなければならなくなった。年金が支給されているが、せっかく廃止した生活保護には戻りたくない。国保でお富さんが申請した制度は自分には使えないだろうか」との相談です。一緒に区役所に申請しましたが、これもなかなか決定されませんでした。

ここからが本格的な運動の始まりでした。舘本会長と相談し、「国保課へ要望書を書いて交渉をやろう」ということになりました。要望書提出後は毎週1回朝9時に国保課長の所へ出向き、「なぜ国保法44条で一部負担金を減免することができないのか」と問いかけました。その結果、「全区で一部負担金の減免ができるように制度化したい」との回答を得て、「一部負担金減免制度」が実現しました。お富さんも昭太郎さんも安心して医療を受けることができたのでした。

3人の子どもを残して餓死したお母さんの思いに寄り添って

1987年1月23日未明、札幌市白石区で3人の子どもを残して母親が餓死するという衝撃的な事件が起こりました。新聞報道によると、このお母さんが以前働いていた喫茶店のママが、「このお母さんは白石区役所に生活保護の申請をしたのですが、『若いから働きなさい』と申請させてもらえず、困っていたため、『このままだと大変なことになるから何とかしてほしい』と保護課に話に行ったけど、申請させてもらえなかった」と告発していることが分かり、道生連としてもこのまま見過ごせる問題でないと、調査活動に乗り出しました。

この事件については、元自治体職員で生活保護にかかわっていた寺久保光良さん、元札幌テレビの記者をしていた水島宏明さんが本を出版しています（寺久保光良著『福祉が人を殺すとき』あけび書房刊、水島宏明著『母さんが死んだ』ひとなる書房刊）。運動家としての細川のやることは、事件の内容を明らかにして二度とこのようなことが起こらない行政にすることです。そのために弁護士会への調査の要請、自治体交渉などをしました。集会を開き、多くの市民にこの事実を知らせていくことを道生連の総力を挙げての運動としました。

2月に入って寒さが一層厳しくなる朝に札幌市役所前で宣伝行動をしました。マイクを握って訴える声も震えます。私たちがつくったチラシを受け取ってくれる職員もたくさんいました。初めての行動に力が入り、血が煮えたぎる思いの運動でした。

議会でも大問題となりました。日本共産党市会議員の山根泰子さんの凛と響く追及に心が震えました。同時に、国が掲げた臨調「行革」路線のなかで、「福祉が人を殺す時代」に入ったのかと感じないわけにはいきませんでした。そして、ついに札幌弁護士会が「警告書」を札幌市に出すまでに運動は発展しました。

その年末に全生連が開催した中央行動では、札幌の母親餓死事件（1月）をはじめ、東京荒川区での福祉事務所に対しての抗議自殺（10月）、そして国民健康保険証を交付してもらえずの手遅れ死などの悲惨な報告がありました。涙と怒りなしには聞くことができませんでした。

「眼内レンズの保険適用」運動

高齢化することで、目に白い膜がかかってきて見えにくくなってくる白内障という病気があります。白内障は眼内レンズを入れる手術をすることで、驚くほどに見えるようになります。しかし、この手術が保険の適用になっていません。全生連の年末政府交渉の中で「保険適用にしてください」との大きな要求となりました。

この政府交渉に札幌市中央区生活と健康を守る会事務局長も参加しており、「生活保護を受けている会員が手術をしなければならなくなり、一眼10万円もすると医者に言われ、食費を削ってようやく10万円を貯めて手術をしたのですが、片目しか手術できず、とても生活しづらい。早く保険適用にしてほしい」と訴えました。道生連もこの運動の大切さを役員会で確認し、眼内レンズの保険適用運動が始まりました。

この運動の始まりは、東京都北区の会員の声でした。それが大きな運動に発展しました。

道生連では「眼内レンズを保険適用にする会」を発足させ、勤医協の眼科医を代表にして運動は大きく広がりました。札幌市議会での陳情趣旨説明では、眼科医が1時間近く時間を費やして説明をしました。医師会への働きかけ、街頭での署名活動、集会では歌もつくって踊りも添えての楽しい運動となりました。多くの団体や個人の参加も広がり、全国的な運動の結果、「眼内レンズの保険適用」が1992年4月、ついに実現しました。

障害者の要求を束ねた運動

1981年に国際障害者年が始まりました。それまでどこに潜んでいたのかと思われる精神に障害を持った人たちが「私たちも障害者です」と住民の前に顔を出し、身体障害者や知的障害者と並んで、行政への働きかけが北海道でも始まりました。本書冒頭にもそのことは詳しく書きました。

そして、「障害者の生活と権利を守る全国連絡協議会」（障全協）の北海道の加盟組織「障害者の生活と権利を守る北海道連絡協議会」（障道協）が結成されました。初代会長には精神科医である三浦彌先生が、事務局長には道生連障害者部会の副会長・神原義郎さんが選出され、札幌大通公園を借りての行事には多くのマスコミも取材に来ました。多分その頃から、マスコミの方たちと親しくなっていく道ができたような気がします。

その頃の細川は道生連運動での生活相談員をしながら、次第に精神障害者との交流も始まりました。その後、障道協の二代目会長に神原義郎さんがなり、北海道での闘う障害者運動を広げていきました。しかし、神原さんはガンという病魔に襲われ、活動ができなくなってしまいました。その後を継いで、細川が10年間会長を務め、道生連の専従をしながら障害者と共に運動をしてきました。

この10年間にはいろいろな取り組みがありました。地下鉄の点検運動をし、防護柵を要求し、札幌市地下鉄に防護柵がつくようになりました。また、精神障害者の交通費助成の運動を精神障害者に関係する団体と手を結んで4年半かけて取り組みました。1、2級の方たちの無料パス化、3級は1部助成する制度が実現され、札幌市に住む精神障害者の生活と活動に大きく貢献することができました。

母子加算廃止に立ち上がった母親たち

何と言っても忘れられない運動は、生活保護母子加算廃止に対する運動です。母子家庭の命綱の母子加算を3年間で0円にするという厚労省の冷酷な行為に対しての、「母子加算復活」をかけた裁判闘争です。北海道では8人の母子家庭のお母さんが裁判に訴えました。そして、全国の仲間とともに、ついに母子加算を復活させました。それは全生連運動の真髄の闘いだったと思います。

2003年12月16日、厚労省は、「生活保護制度の在り方に関する専門委員会」中間まとめを発表しました。その中で、老齢加算および母子加算の在り方について検討し、老齢加算の縮小・廃止と母子加算の段階的廃止を決めました。子どもが大きくなって手がかからなくなった、低所得一般母子家庭と比較して消費水準が生活保護は高くなった、高校進学に道を開いた（中島訴訟）、との理由です。

2005年度からは、15歳から18歳（18歳に達した日から数えて最初の3月31日まで、つまり高校卒業まで）の子どものいる世帯から3年間かけて2007年度で全廃に、そして2007年度からは15歳以下の全ての子どもを持つ母子家庭について3年間かけて廃止することを一方的に決めて、引き下げが始まりました。

「どうしたらいいのだろう」と、母親たちは戸惑いました。その中から裁判に立ち上がった８人のお母さんたちの決意と全生連運動、支援者たちの激励の中で、２００９年12月に母子加算復活が成し遂げられました。

母親たちの思いは「子どもの健やかな成長」

２００７年２月21日、浜風が痛く頬をさす暗い夜、後志・小樽生活と健康を守る会は「せめて人並みの生活を！　母子加算廃止はやめて」との集いを持ちました。その集いに参加した母子家庭の母親たちは、「守る会」が開く集会に初めて参加した人たちばかりでした。母親たちからは、「母子加算がなくなったらどうしよう」との不安の発言が続きました。

その集いでひとりの母親が、「長男が、『中学を出たら働くから母さん心配するな』と言います」と涙ながらに語りました。そして、「何とか高校だけは出したいと思っています。だから母子加算がなくなったら大変です」と発言を続けました。

その言葉が細川の胸にずっしりと重くのしかかりました。細川は挨拶で、「皆さんの思いを裁判に訴えてください。裁判にはお金がかかりますが、そのお金は私たちがつくります」と訴え、お母さんたちは小さくうなずいていました。

しかし、母子加算を3年かけて全廃するとの厚労省の冷たい仕打ちに、道生連の理事会で「審査請求を運動に」と呼びかけても、「うちの単組には母子家庭がいない」とか、「そんな声を上げる人はいない」と、それまではなかなか取り合ってもらえませんでした。そこで、小樽の佐藤勤会長に「何とか集まってもらえないか」と何度も働きかけて開かれた「母子家庭の集い」だったのです。

この集いに参加した母親から、「裁判に訴えて、母子加算を守りたい」との決意が道生連に届けられ、ようやく道生連として審査請求を運動にすることが決定されたのでした。

「生存権裁判を支援する北海道の会」の結成

母子加算裁判の通達が全道の単組へ出されました。通達を受けた各単組では母子世帯への働きかけが始まりました。同年5月18日に審査請求を道庁へ提出するまでに運動が進んでいきました。

そんな5月のある日、障害者問題で知り合った北海道新聞の記者が東京支社に転勤になっていたのですが、その記者から久々に電話がありました。この頃の北海道の状況など話すなかで、「母子加算の縮小・廃止に対しての審査請求をすることになった」と伝えたところ、5月16日付の北海道新聞1面トップで掲載されました。

生存権裁判を支援する北海道の会結成総会―原告と共に―

他社からの問い合わせに右往左往しましたが、新聞やテレビなどの報道を通して北見や岩見沢など全道から、「私も審査請求に参加できないか」と問い合わせが寄せられました。当初25人だった母子家庭の請求人が35人となりました。北海道中に母子加算廃止の理不尽さを知らしめたのでした。

「私たちマスコミが誠意をもって報道するならば、決して悪い方向に行きません。だから積極的に応えてほしい」とテレビ局のディレクターにも言われました。何かあればマスコミの力を借りることができるようになったことも、大事な運動の一つのような気がしています。

ここまで来ると間違いなく裁判を想定しないわけにはいきません。その裁判を支える母体は、道生連だけでは到底無理です。そのための会を結成することは必須の課題でしたが、では誰に代表になってもらうかということも差し迫った問題でした。

北海道では社会保障、ことさら生活保護の訴訟などしたことがありません。そのようなつながりもあまりありませんでしたが、以前ある集会で元北海道大学教授の杉村宏先生から紹介されたことがあった当時北海道大学教育学部長の青木紀先生がいたことを思い出しました。先生が母子世帯を調査し、出版した本『現代日本の「見えない」貧困―生活保護受給母子世帯の現実』に記されていたメールアドレスにメールを送り、大胆にお願いの訴えをさせてもらいました。快く会ってくださることになり、三浦誠一道生連会長と大学を訪れ、半ば強引にその代表を引き受けていただきました。

また、副代表には当時名寄市立大学の高田哲教授になっていただきました。そして、細川は9人（後に8人）の原告の方たちとの調整役として原告世話人と位置付けられ、原告とかかわりながら、2007年10月20日、母子加算縮小廃止に反対する「生存権裁判を支援する北海道の会」が結成されました。

道生連顧問弁護士の内田信也弁護士を団長に、そして若い弁護士を中心に11人の弁護団を結成しました。弁護団に支えられ、9人（後に1人が取り下げ）が原告となって12月、札幌地裁と釧路地裁に提訴しました。

提訴にあたって開かれた札幌地裁前での集会では、菊地繭美原告代表が、「ついに今日を迎えました。何年かかるか分かりませんが、ご支援をお願いします」と力強く訴えました。生活保護母子加算の復活を求めて提訴した「生存権裁判」の始まりでした。

裁判を決意した8人の横顔

原告代表になった札幌東区の菊地繭美（44歳）さんは、高校1年生の長男との2人暮らしです。時給700円で老人施設の介護補助の仕事をしていますが、子どもの教育費がかかり2006年から生活保護を受給しました。子どもが公立高校へ無事入学したものの電子辞書など思わぬ費用が大変になりました。子どもと相談したところ、「母さんがやるならいいよ」との言葉に裁判を決意しました。

小樽市の佐賀光江（39歳）さんは中学2年生（男子）、小学6年生（男子）と小学4年生（女子）の4人暮らしです。離婚以来病気が発症し、働くことができません。一番大変なのは食費です。お米が月20キロ必要です。「食べ盛りの子どもにひもじい思いをさせたくありませんし、子どもたちをせめて高校まで行かせたい」と、裁判を決意しました。

同じ小樽市の小田切雅子（35歳）さんは14歳の娘と2人暮らしです。躁うつ病のため働けず、今年は就学旅行などでお金がかかり、来年高校へ行くことになります。どうしたらいいか悩んだ末に、裁判に参加を決意しました。

札幌中央区の伊藤弘美（44歳）さんは4歳の子どもと2人暮らしです。病気もあり、フルタイムでは働けず、スーパーで短時間働いています。燃料代が4月も1万2000円かかり、生活が大変になるからと、原告に加わりました。

同じ中央区の七尾真美（31歳）さんは、7歳の子どもと2人暮らしです。現在住んでいる家はガレージの上にあり、寒くて燃料費がかかり、母子加算で補ってきました。「母子加算を削らないで」と、原告に加わりました。

北見市の成田純子（38歳）さんは、夫は働いてもすぐ辞めてしまい、生活ができなくなってしまい離婚しました。2歳の子どもを保育所へバスで送迎しなければならず、時々祖母に預けて働いています。バス代も大変なので歩いていますし、お風呂の回数も減らしています。「母子加算が減らされて苦しい」と原告に加わりました。

札幌手稲区の有田梨菜（21歳）さんは1歳の子どもと2人暮らしです。夫のDVのために、子どもが生まれてからわずか1年で離婚しました。パートで働いているものの子どもが病気になるたびに休まなければならず、いつクビになるかと心配な毎日です。「母子加算が毎年減らされ、3年間でなくなることは本当に困る」と原告に加わりました。

同じ手稲区の川口美幸（43歳）さんには4人の子どもがいます。長男と次男は成人し、美幸さんは重度の身体障害児の三男（15歳）と長女（10歳）の3人で暮らしています。三男の介助

国際女性デー北海道集会で訴え（2010年3月8日）

が必要で、今まで入浴も美幸さんがしてきましたが無理になり、入浴介助を受けています。また、訪問学級で週3回先生が来てくれていますが、長女に我慢をさせることばかりです。おむつ代も足りません。「母子加算がなくなることはとても大変」と決意しました。

顔も名前も出して訴えよう

以来、母子加算が復活するまで実に多くのところから声をかけていただきました。母親たちは国際女性デー、メーデー、憲法集会、母親大会をはじめ、職場の昼休み集会や地域の組織など、呼ばれたところへは断ることなく足を運びました。生活保護の母子加算が縮小されるなかで、どんな生活になっているのか、その生活実態を隠すことなく訴え続けました。また、毎月の大通公園での宣伝行動では、原告になれなかった母子世帯や審査請求人もマイクを握って訴えました。

「多くを望んでいません。子どもと2人笑って暮らしたいだけです」

「友だちを呼んで家でも誕生会を開いてほしいと子どもに言われたけど、そんな望みさえ叶えてやることができません」

「私は病気で働けず、満足に食生活も成り立ちません。現実の暮らしを分かってほしいです」

「中学2年の長男が『中学を卒業したら働く』と言いました。その言葉に決意しました」

と、8人の原告は涙ながらに訴えました。その姿は多くの人たちに響きました。支援する輪が大きく広がり、生存権裁判を支援する会は758団体・個人までの組織になっていきました。

北海道の会のほかに、小樽、釧路と北見で原告を支援する会が結成されました。集会や宣伝行動で顔も名前も出して訴える母親たちの必死の姿が、テレビや新聞を通して全国へと発信されました。その訴えなどを聞いて全国の見知らぬ人たちから心温まる数々の激励も届きました。それに励まされ、沈みがちだった原告たちの顔にも明りがさしてきました。今まで福祉の谷間でひっそりと生きてきた母親たちが顔も名前も声も出して堂々と訴える—その姿は、「子どものためにがんばる母親」の必死の叫びであったのです。

釧路地裁では原告は1人でしたが、毎回開かれる裁判には弁護士はもちろんのこと、原告世話人の細川も参加しましたし、また東京で開かれる集会や国会での訴えにも原告と共に足を運びました。

原告世話人としての仕事

原告世話人代表になった細川の仕事のひとつは、一人ひとりの原告を訪問し、なぜ母子家庭になったのか、母子加算が引き下げられて何を削っているのか、子どものことでの心配はないのか、などなどを聞きながら、支援する会としてできることを模索することでした。

また、生活実態を分かってもらうために家計簿をつけてもらうことを母親たちにお願いしました。各方面への裁判の日程のお知らせなどの連絡、集会での訴えのお願いなどもこまめにしていました。支援する会事務局や弁護団との調整の仕事もありました。

原告の8人のうち、病気の人が4人いました。障害児がいて介護をしている人もいます。働いている人の参加はなかなか難しいなどの問題を抱えていました。しかし、裁判などへの参加を調整するためにも声掛けをしていくなかで原告と親しくなり、母親たちの本音もより深く聞くことができたように思います。

「テレビを観ました。わずかですがお子さんたちのために使ってほしい」など、カンパが全国から寄せられました。こうした人たちへお礼状を書くのも原告世話人の仕事でした。そのカンパを使って原告の親子と弁護士、支援者と一緒に旭山動物園に貸し切りバスで出かけ、みんなから大変喜んでもらえる取り組みもしました。また、夏休みに日帰りキャンプに出かけ、子どもたちは学生ボランティアと一緒に遊び、母親たちは子育ての悩みなどを話し合う機会も設けたりしました。

また、支援者と一緒に「貧困鍋」（白菜と豚ばら肉だけを煮込んで醤油だけで食べる鍋。安くておいしく体に良いので、そう名付けました）を食べながら交流するなどの取り組みもしました。

あらゆる学習会に参加

「生活保護を知りたい」との要請に応えて、大きな集会からたった4人の集まりにも行きました。地方都市での国際女性デーや母親大会、医療機関の職員研修会、北海道大学法学部の学生ゼミにも、要請に応えて話をさせてもらいに行きました。

なぜ貧困になっていったのか。①離婚による経済的破綻（離婚そのものが経済的破綻のうえで起こっている）、②低学歴のために非正規雇用、パートタイマー、③世代間の貧困を引きずっている（生活保護世帯で育って、また生活保護に）、④そんな中で精神的な貧困がつくり出されてきている、⑤今回の裁判が意味するもの、などを話させてもらいました。

「とどけ母親の願い！　勇気を奮って立ち上がった母親たちの思い」と題して、生存権裁判から生活保護を学ぶ学習の場を北海道の隅々に届けていきました。

原告の訴えや本筋の学習は、「自己責任だ」というバッシングをさせない力にもなっていきました。また、「貧困の連鎖を断ち切る」という大きな動きをつくり出してきたように思います。

当然、原告もいろいろなところへ呼ばれて、自らの実態を訴えました。そのことによって、貧困の連鎖を断ち切るこの裁判への支援が広がってきたのだと感じています。私たちの暮らしは、政治によってつくり出されている部分も大いにあるわけですから、「政治の責任」「社会の責任」の重要さを併せて知らしめることも大切な課題でした。

母子加算復活への道

母子加算が削減されたことで原告たちの生活実態がどうなったのかなどが、北海道はもちろん、全国のテレビで何度も何度も放映されていきました。原告たちの思いは見知らぬ人たちにも伝わっていきました。生活保護を必要な人たちから奪ってはならないという声も広がっていきました。

私たちの集会には民主党や日本共産党の議員、社民党、新党大地の会の代表の方たちが支援

母子加算復活の運動を励ます行事（審査請求に参加した原告家族たちとのハイキング）

に駆けつけてくれました。

国会に何度も足を運びました。そして、母子加算全廃から2年目の2009年9月、自民党から民主党へと政権が交代し、その年の12月、ついに母子加算が復活しました。

「顔も名前も声も出して」訴え続けた勇気ある母親たちの運動が国民的な理解を得ることができたのです。家族の中に笑顔を取り戻すことができた、人生のドラマをつくり上げた、と腹の底から思っています。また、今後の運動に役立つ教訓をいくつもつくり上げたことは言うまでもありません。

1950年、現行の生活保護制度が確立されて以来、政治によっていろいろな問題課題が生み出されてきました。２０１４年7月、ついに生活保護法の一部が「改正」されました。しかし、この法律の「目的」である第1条「この法律は、日本国憲法第25条に規定する理念に基づき国が生活に困窮する全ての国民に対し、その困窮の程度に応じ、必要な保護を行い、その最低限度の生活を保障するとともに、その自立を助長することを目的とする」ことは変わったわけではありません。

そして、この生活保護法制定にかかわった当時の小山進次郎保護課長は自著『生活保護法の解釈と運用』の中で、次のように述べています。

「『人をして、人たるに値する存在』をたらしめるには、たんに最低生活を維持させるというだけでは十分でない。およそ人は全てその中に何らかの自主独立の意味において可能性を包括している。この内容的可能性を発見し、これを助長育成し、而して、その人をしてその能力に合い相応しい状態において社会生活に適応させることこそ、真実の意味において生存権を保障する所以である」と。

この生活保護法第1条と小山進次郎氏の言葉をしっかりと受け止め、全生連が掲げた生活保護運動の一翼を担ってきた細川の生活保護運動にかける思いの一つとして、北海道の母子加算の運動があり、道生連運動の柱としての運動をつくり上げたと思っているところです。

SOSネット北海道での相談活動

2008年、リーマンショックの影響で、多くの労働者が雇い止めなどによって仕事を失い、住む所も奪われ、路上での生活を余儀なくされました。それに目を付け、6畳1間を3つに区切って住まわせるなどの貧困ビジネスも出現してきました。

2009年2月のことです。そのような住居に住んでいた人から電話がありました。「とても人間として暮らせるところではなく、ここから出ることはできないのでしょうか」と。手持ち金も底を突きそうだと言います。

さっそく札幌市北区役所保護課に連絡を取り、会議室を確保してもらいました。電話をかけてきた人だけではなく、7人が恐る恐るやってきました。その人たちはそれぞれ事情があり、実家へ帰ることもできない非正規で働いていた人たちでした。

それぞれの人と話し合いました。それぞれが自立した生活を望んでいることが分かりました。すぐに生活保護申請をおこない、14日以内に保護が決定しました。不動産会社の協力も得て、それぞれがアパートも借りられ、まずはひと安心の生活へと進むことができました。

その後、北海道社会保障推進協議会を中心に「SOSネット北海道」を立ち上げ、路上生活者の相談会が始まりました。最初は寒い時期でしたので、市役所に近い地下のスペースを借りて朝10時から夕方6時までおこないました。事前にハローワーク前でのチラシ配布やネットカフェなどにチラシを置いてもらったこともあり、時間前から相談者の列ができていました。

また、暖かくなってからは大通公園を借りて炊き出しもおこなっての相談会でした。前日は下準備などで夜遅くまで用意をし、当日は相談員として多くの方々の相談に乗りました。その中で心が病んでいる人や障害を持つ人たちもいて、その人たちは支援する会に結び付いて支援を受けています。そして、この相談会は「なんでも相談」として、今は電話での相談として続いています。

40代姉妹が生活保護を利用できず孤立死

２０１２年1月20日、札幌市白石区で40代の姉妹が亡くなって発見されるという悲しい事件が起きました。テレビや新聞で大きく報道されました。道生連が札幌市と保護行政の交渉を毎年繰り広げてきたなかでの衝撃的な事件でした。おりしも１９８７年に同じ白石区で、３人の子どもを残して餓死した「母親餓死事件」がありました。それから25年目のことです。

姉妹餓死事件とはどんな事件だったかを、改めて振り返ってみます（寺久保光良他著『また、福祉が人を殺した』あけび書房刊が詳しいので、ご参照ください）。

２０１２年1月20日、札幌市白石区で40代の姉妹が亡くなって発見されます。姉（42歳）は前年末に病死し、知的障害者の妹（40歳）は年明けに凍死したのです。両親は他界し頼れる人はありませんでした。病死した姉は失業中で、妹の障害年金（年額約80万円）で暮らしていたとのことでした。発見時にガスストーブがついていたもののライフラインは停止、家賃も滞納しており、冷蔵庫の中は空っぽでした。

この姉は、失業した時に白石区保護課に相談に訪れていることも分かりました。２０１０年6月から２０１１年6月までに、３度も白石区保護課に相談に行っており、その内容が面接受付票（面接記録）に克明に記されていました。

① 1回目　２０１０年6月1日

「平成21年10月（洋服の販売）まで稼働していたが、体調不良により退職した。求職活動をしているが決まらず、採用が決まり、働くも4日間程で解雇となり、今後の生活が不安として相談に来たとのこと」「妹は知的障害者により障害年金を受給中（2か月で約13万３０００円）」

② 2回目　２０１１年4月1日

「2月分以降家賃滞納」「手持ち金が少なく、食料も少ないため、生活の相談に来たとのこと」「公共料金等の支払いを待ってもらっている」「この1週間の生活だけがどうしても困難とのことから、非常食の支給を教示。非常食パン14缶（7日×1食×2人）を支給」。しかし、「食料確保により生活可能であるとして、生活保護相談に至らず退席」「面接受付票」の裏には、「預貯金・現金等の保有状況」1000円、「ライフラインの停止・滞納状況」滞納あり、「国民健康保険等の納付状況」未加入。

③　3回目　2011年6月30日

「家賃・地代滞納あり」「（略）求職活動をしているが決まらず、手持ち金も少なくなり、生活していけないと相談に来たものである」「主はハローワークの教育訓練給付を受け、給付金と妹の障害年金で生活。職業訓練も終了、4月下旬から生鮮工房で仕事が決まるも、知的障害者のある妹が体調を崩し、仕事に行けない状態になり、研修期間でやめた。研修期間のため、給与はなし。その後も清掃のアルバイトをするも続かず1週間程でやめてしまったとのこと。現在、求職活動をしているが決まらないとのこと」、〝国保未加入、生命保険解約、活用可能な資産はなし〟

そのうえで、白石区保護課は、「主に対し、能力資産活用等、生活保護全般について説明。高額家賃について教示。保護の要件である懸命なる求職活動を伝えた」。その結果、「本日の申請意思は示さず退席となった」。

姉に対して、印鑑など15項目の「持参していただくもの」を指示している用紙のみを渡すが、申請用紙は渡さず。

以上が面接記録をまとめたものですが、この面接記録から見えてくるものは、申請は誰でもできることを教えていなかったことです。教えることをせずに、「転居しなければ申請できない」、「懸命なる求職活動をしなければ申請できない」、「困窮状態にはあったが、窮迫状況にはなかった」との対応です。そして二人そろっての孤立死でした。この姉妹は行政によって命を奪われたと言っても過言ではありません。

25年前の餓死事件を振り返って

前にも述べましたが、１９８７年1月23日未明、同じ白石区で、39歳のお母さんが３人の子どもを残して餓死するという事件が起きました。臨調路線による福祉切り捨ての嵐の中で、生活保護の申請をさせないという「水際作戦」が全国で巻き起こっていました。札幌市においても申請に出向いても10人中６人は申請させてもらえませんでした。そのようななかでの餓死事件でした。

その前年年末の道生連の札幌市交渉で申請者や利用者に対する人権侵害が次々と浮上しました。

「（脳出血で手術をした人に）頭の手術を隠して求職活動をしなさい」、「仕事探しにケースワーカーがハローワークまで同行する」、「16年前に別れた元夫を探して扶養してもらいなさい」、「保育所に入れる手続きをしないと申請させない」、「養育費の申し立てをしてこないと申請はできない」など現行の生活保護法では考えられない事態が明らかになりました。

7区（現在は10区）の福祉事務所所長と道生連との懇談会が持たれ、「このままだと必ず犠牲者が出る」と改善を求める話し合いとなりました。そしてその翌年の1月23日、生活保護を受けられなかったお母さんが餓死するという、衝撃的な事件が起きたのでした。

道生連を中心とした本格的な社会保障の闘いに身の震える思いで参加し、あらゆる所へ出向いてこの事件の真相を訴え続けました。生活保護を利用できず自殺や死亡するなどの事件の多発から私たちは「福祉が人を殺す時代」に生きていることを実感せずにいられませんでした。だからこそ自治体と闘わないではいられません。その後の細川の相談活動の中で起きている人権侵害の事例「乳飲み子を抱えた母子家庭の母親を4時間も拘束し、謝罪文を書かせた事例での交渉」、「係りぐるみでおこなった利用者の同意書偽造」などとの闘いで札幌市の保護行政を改善させてきましたが、それは氷山の一角を切り崩すに過ぎなかったと思っています。

姉妹孤立死事件での道生連の独自の調査

札幌市の生活保護行政による人権侵害との闘いは、実態を調査し、行政との交渉の中で、一定の改善はさせてきているものの、憲法25条が保障した行政には程遠いものを感じながら活動してきました。

40代姉妹が生活保護を利用できず孤立死した事件をこのまま見過ごすことは到底できませんでした。道生連はこの姉妹の孤立死に関して札幌市の保護行政に重大な問題があるのではないかとして、白石区保護課に対する独自の調査をおこないました。

「なぜ、このような孤立死が起こってしまったのか？　なぜ救うことができなかったのか？」と生活保護課長と面談をおこない、姉妹が3回にわたって保護課に相談していた内容などについて詳しく問いました。

「なぜ申請に至らなかったのか」という疑問を投げかけると、課長は「残念ながら申請の意思を示さなかったのでどうすることもできなかった」との答えでした。

「この姉妹の困窮状態を知っていいのか」との問いに、「厳しい状態は分かっていた」「要保護状態にあったし、窮迫ではないが、困窮はしていた」「求職活動もしていたことも分かっていた」との答えです。

40代姉妹死亡事件現地全国調査団が白石区と交渉（2012年5月）

そして、「困窮状態が分かっていたのなら、生活保護は申請できるように勧められたはずではないか」と質すと、「困窮していたが窮迫状態になかったので白石区としてはどうすることもできなかった」と答えるのでした。課長との面談が終わった後、面談室の外でそのやり取りを聞いていた同行したマスコミの女性記者は思い余って、「同じような人が相談に来たらまた同じようにするのですか?」と詰問すると、これには一言も口を開かない課長でした。

もう一つの問題がありました。2012年当時の生活保護のシオリ『生活にお困りの方に』を見てみると、「生活保護制度は、国が困っている方に最低限度の生活を保障する制度で国民だれもが一定の条件のもとで受けられる」ことが、冒頭に囲みで記されています。そして、その後に、生活保護の要件として次のように記されていました。

「＊働くことができる人は、精一杯働いてください。
＊失業中の人は、一生懸命に仕事を探してください」
など4項目が列挙されていたのです。そのうえで「これらの努力をしてもなお生活に困る場合には、生活保護を受けることができます」と記述されていました。

生活に困った方が窓口を訪れてもこのシオリを見た時に、生活保護を利用することはとても厳しいものだと受け取られるような内容になっていました。申請権をめぐっては、人権侵害が起こるたびに交渉の中で、「申請したいと言ったならどんな場合でも、まずは申請をすることができる」ことを確認し、「申請はできないと思われる行為はしないこと」と改善させてきました。

しかし、今回の姉妹孤立死事件はまさに白石区保護課が申請権を侵害する行為をおこなっていた、としか言いようがありませんでした。

その後、ライフライン停止の問題で北海道ガスや北海道電力にも申し入れをしました。北海道電力からは、
① 生活保護申請者や生活困窮者には、相談に乗り、猶予するなど柔軟に対応している。
② 道生連からの相談連絡があれば、訪問などして対応する。

③申し出があれば、1アンペア（100w）通電をおこなう。
という前向きな回答を得ることができました。
また道生連は、調査によって明らかになった札幌市の保護行政の問題点をA4判8ページにまとめ、申請をさせてもえなかった事例9件を添付して、「保護行政の改善」を求める要望書として札幌市長に提出し、懇談を申し入れました。

《要望事項》

一、保護の相談に当たっては、相談に来た人に、まず最初に保護申請用紙を示して、下記のことを告げてから始めること。
①生活保護は誰でも無条件に申請できること（憲法第25条、生活保護法（以降、法という）第1条、第2条、第3条、第4条）。
②保護は原則、本人等の申請に基づいて開始されるものであること（法第7条）。
③申請意思を確認した人に対しては、保護申請書を交付し、申請手続きについての助言を行うこと（局長通知第9）。
一、区役所保護課に置いてある、リーフレット「生活にお困りの方に」の冒頭に、上記の内容を書き加えて、改善すること。

一、リーフレット「生活にお困りの方へ」と保護申請用紙を窓口に置き、誰でも手に取れるようにすること。
一、ライフラインの滞納または供給停止状態にある相談者に対して、下記の事項について教示すること。
①電気、上水道については、支払い猶予・分納などの配慮がなされる場合があるので、相談すること。
②電気については、1アンペア通電という制度があるので、相談すること。
③国保料については、保険料の減免・支払い猶予制度があり、また、一部負担金についても減免制度があるので、相談すること。

応対した渡部正行副市長は「事件については真摯に受け止めています。申し入れ書等を読ませてもらい検討します」と応じました。

その後、札幌市保護指導課との事務折衝の中で、中村武信保護指導課長は「相談の際の申請の意思確認を〈あり〉〈なし〉だけではなく、理由を書く欄を設ける。また、生活にお困りの方に対するシオリ（リーフレット）書式は改善する」など一定の改善の方向を明らかにしました。しかし私たちは、「申請権を保障する申請書が見えない所に隠されている状況では申請権が奪われている」として、再検討を要望しました。

その結果、改善の方向が若干示されてきました。

① シオリの改善とシオリを10区の保護課窓口に置く。

② ライフライン事業者との懇談会をおこなう。

③ 白石区は「申請したい」と言えば申請書をすぐ渡す。

などでした。

もう一方での生活保護に対するバッシング

全国的に「餓死」「孤立死」「自殺」などの悲惨な犠牲者が頻発する一方で、生活保護に対する激しいバッシングが起きていました。２０１２年４月、お笑い芸人の母親が生活保護を利用していましたが、その扶養をめぐっての問題が『女性セブン』で取り上げられました。その生活保護利用者の扶養問題を自民党の片山さつき参議院議員らが追及し、生活保護バッシングが大きくなりました。「生活保護の扶養義務」について改めて明らかにしておかなければならない、という問題でもありました。

生活保護法第４条が述べているように、本来は、扶養が保護の要件となってはいません。ところが、小宮山厚生労働大臣が「親族側に扶養が困難な理由を証明する義務を課す」と、事実上扶養を生活保護利用の要件とする法改正を検討する考えを示す事態にまで発展しました。しかし、さすがに改正されるに至りませんでした。
ちなみに、生活保護法第4条はこう規定しています。
「生活保護法第4条（保護の補足性）
保護は、生活に困窮する者が、その利用し得る資産、能力その他あらゆるものを、その最低限度の生活の維持のために活用することを要件として行われる。
2 民法（明治29年法律第89号）に定める扶養義務者の扶養及び他の法律に定める扶助は、すべてこの法律による保護に優先して行われるものとする。
3 前二項の規定は、急迫した事由がある場合に、必要な保護を行うことを妨げるものではない」

ここで言う民法上の扶養義務とはどういうことでしょうか。尾藤廣喜弁護士（生活保護問題対策全国会議代表幹事）の論文などではこう記されています。

1 民法上の扶養義務者の範囲
～三親等内の親族が扶養義務を負うのは極めて例外的な場合である。

扶養義務の根拠条文である民法752条には「夫婦は同居し、互いに協力し扶助しなければならない」、同法877条1項には「直系血族及び兄弟姉妹は、互いに扶養をする義

札幌市との交渉（2012年3月26日）

務がある」、同条2項には「家庭裁判所は、特別の事情があるときは、前項に規定する場合の外、三親等内の親族間においても扶養の義務を負わせることができる」と定められている。

同法877条1項に定められた直系血族と兄弟姉妹が絶対的扶養義務者と呼ばれているのに対し、同条2項に定められた三親等内の親族は相対的扶養義務者と呼ばれ、家庭裁判所が「特別の事情」があると認めた例外的な場合だけ扶養義務を負うものとされている。

判例上も、三親等内の親族に扶養義務を認めるのは、それを相当とされる程度の経済的対価を得ている場合、高度の道義的恩恵を得ている場合、同居者である場合等に、できる限り限定して解されている（新版注釈民法（25）771頁）。

2　求められる扶養の程度

・強い扶養義務を負うのは、夫婦と未成熟の子に対する親だけである。
・兄弟姉妹や成人した子の老親に対する扶養義務は、「義務者がその者の社会的地位にふさわしい生活を成り立たせたうえでなお余裕があれば援助する義務」にとどまる。
・具体的な扶養の方法程度は、まずは当事者の協議で決める。
・協議が調わないときは家庭裁判所が決めるが、個別ケースに応じて様々な事情を考慮するので一律機械的にはじき出されるものではない。

求められる扶養の程度について、民法上の通説は次のように解している。

①　夫婦間及び親の未成熟の子に対する関係…生活保持義務関係

生活保持義務とは、扶養義務者が文化的な最低限度の生活水準を維持した上で余力があれば自身と同程度の生活を保障する義務である。

②　①を除く直系血族及び兄弟姉妹…生活扶助義務関係

生活扶助義務とは、扶養義務者と同居の家族がその者の社会的地位にふさわしい生活を成り立たせた上でなお余裕があれば援助する義務である。

つまり、強い扶養義務を負うのは、夫婦と未成熟の子に対する親だけであり、兄弟姉妹同士、成人した子の老親に対する義務（今回のタレントの事例）、親の成人した子に対する義務は、「義務者がその者の社会的地位にふさわしい生活を成り立たせたうえでなお余裕があれば援助する義務」にとどまる。

以上、扶養をめぐっての問題も全生連や道生連での交渉要求項目の一つとして追及し、権利としての生活保護を改善させてきました。

生活保護利用者の自殺の多さ

２０１１（平成23）年7月12日の第４回社会保障審議会生活保護部会での参考資料「生活保護受給者の自殺数について」で、平成20年度から22年度の3年間の全国の自殺者に関する統計が出されました。

自殺者が全国で3万人を超えている状態が続いている（２０１２年度は若干下がった）異常な事態はなぜ起こってきたのか、その中でも生活保護を利用している人たちの自殺も見過ごせません。

統計資料によれば、２００８（平成20）年度の全国の自殺者数は3万２２４９人でこれは人口10万人当たり25・3人、そのうち、生活保護利用者の自殺は８４３人で被保護者10万人当たり54・8人となっています。2009（平成21）年度は全国の自殺者数は3万2845人で、人口10万人当たり25・8人、そのうち、生活保護利用者の自殺は1045人で被保護者10万人当たり62・4人となっています。

急激な増加です。この年は前年のリーマンショックの影響で、全国で派遣切りや雇用止めが多発しました。仕事もなく、住む家もない状態のなかで、路上で暮らす人たちが増え、私たちはSOSネット北海道を立ち上げ、街頭相談会を始めた年でした。

2010（平成22）年度も同様に、全体では3万1690人で自殺者は10万人当たり24・9人ですが、生活保護利用者は55・7人といずれの年も全体と比較して2倍を超えています。年齢別にみると40代、50代、60代が多く占めています。世帯累計でみると特に単身世帯が多い中で、傷病者がもっとも多く占めており、次いで障害者、高齢者の順となっています。

自殺の原因や動機は正確に集約されていませんが、健康問題が最も多く、特に精神疾患を有する者または精神障害者が半数を占めています。

また、2010（平成22）年度の全体の自殺者の中で、経済・生活問題が23・5％となっており、この点も見過ごせません。仕事を失い、精神的に追い詰められていくなかで、生活保護に結びついたとしても、なかなか仕事につけず、強硬な就労指導によって、また路上に放り出され、生きていけない人も出てきています。

北海道の自殺の状況は、2011（平成23）年度で自殺者総数は1437人（人口10万人当たり26・1人）で、そのうち、生活保護利用者は84人です。全国と比較して低い状態にありますが、自殺の要因が健康問題で46人と半数を超えています。旭川市では自殺者8人全員が精神疾患を抱えていました。

札幌市では、２０１１（平成23）年度の全体の自殺者は４３４人で、そのうち生活保護利用者の自殺は33人となっています。これは、被保護者10万人当たり48・6人となっており、前年からみて、18・9ポイントも増えています。しかも、そのうち、28人が何らかの精神疾患を抱えていました。

こうした統計からみても、精神障害者への福祉的措置の遅れが問われます。精神障害者に対しての理解が社会全体で遅れていることの結果だと思います。

特に、福祉行政にかかわる職員がどれだけ理解しているのかという点も見過ごせません。福祉職員としての研修などはなされているのですが、もっと精神障害者に対する理解と学習を位置付ける必要もあります。また、専門家の配置も必要です。

昨年の暮れにも、精神に障害を持ったAさんが自らの命を絶ってしまうという悲しい出来事がありました。Aさんの両親はすでに他界し、Aさんはひとりぼっちで暮らしてきました。Aさんは入退院を繰り返しており、細川も2度ほど相談を受けていたのですが、「生きていても何も良いことはない」と、私たちとも心の絆を結ぶことができずにいました。

精神疾患の中でも特にうつ病の患者で「死にたい」と思いながら生きている人が少なくありません。しかし、うつ病は治らない病気ではないと言われています。きちんと治療を受け、ひとりぼっちで過ごさないような配慮も必要です。そのためには、家族はもちろん、デイケアや通所施設とのつながりなど、その中での人間らしい生き方に結びつく心の絆が大切になっています。

生活保護を利用していても命の危険にさらされている実態が頻発しているわけですが、憲法25条が保障した生活保護を利用できずに命を落とすような事態は、決して許されるものではありません。生活保護に結びつかなかった自殺者の問題も見過ごすわけにはいきません。

現在NPO法人で有料ボランティアをしている安雄さんは、元タクシー運転手でした。働くことができなくなり、生活保護課に相談に行きました。ところが生活保護を利用することができませんでした。いよいよ食べることもできなくなり、死を覚悟して部屋を片付けていたところ、一枚のテレカが出てきました。それでSOSネットにつながることができ、一命をとりとめることができました。

異常に多い孤立死・孤独死

もう一つの問題は孤立死・孤独死です。札幌市で生活保護を利用している単身者43人が4月から6月までの3か月間で誰にも看取られず亡くなっていた実態が、2012年8月、札幌市のまとめによって発表されました。

43人中37人が家賃を滞納していて、様子を見に来た住宅関係者によって発見されたということです。なぜこのような状況が起こっているのでしょうか。一つには、孤立死・孤独死の多くが高齢者であり、急激な体調変化によって命を落とす人が少なくありません。二つ目には、担当ケースワーカーの訪問にも問題があると考えられます。

ケースワーカーの仕事の一つに家庭訪問がありますが、札幌市の場合は、障害者の場合は4か月に1度の訪問を位置づけていますが、高齢者（65歳以上）の場合は6か月に1度の訪問をすることになっています。

一昨年になりますが、生活保護の単身者の方に住宅を貸している大家さんから、私たちの生活と健康を守る会に相次いで電話相談がありました。「お風呂で亡くなっていたのを見つけて警察に来てもらい遺体は引き取ってもらったのですが、部屋にある荷物を処分するために、保護課に連絡したところ、『亡くなってしまったら一切の費用は出ません』と言われてしまいました。家賃も滞納されたうえに、片づける費用まで貸主が持たなければならないのでしょうか」と。

また、「アパートの部屋を貸していた人が入院中に亡くなってしまい、身寄りの方が遺体だけは引き取ったのですが、部屋のものは大家さんのほうで処分してくださいと言って一切かかわらないために役所に連絡したら、『生活保護を受けていた人が亡くなったら、生活保護からは一切の費用は出ません』と言われてしまって本当に困っています」との相談です。

現状の生活保護法では、単身者が長期入院（6か月以上）していて、在宅に戻れなくなってしまった場合には、その利用者の家具を整理する費用は支給されるようになっていますが、その利用者が単身の場合は、その利用者が亡くなってしまったことで、生活保護が廃止になってしまうのです。

いずれにしても高齢の生活保護利用者に対するケースワーカーの対応は希薄です。そのために、「もっときめ細かい対応をすべきだ」と、札幌市の懇談や交渉の場で訴え続けてきたのですが、「高齢者の方は、病院への受診などもあり、そう心配はない」と片づけられてきました。その一方で稼働状況（15歳～64歳）にある利用者に対する訪問やケースワーカーからの連絡などの対応は、多くなっています。これは就労指導などによるものと思われます。

高齢母子孤立死事件

２０１２年11月、札幌市東区で生活保護利用中の母（88歳）子（59歳）が亡くなるという事件が起きました。警察発表によると母は老衰死、子は衰弱死とのことです。同年４月頃から長男は痩せ細ってきており、気になっていたという隣近所の人たちの話も報道されていました。

道生連による東区保護課での調査およびケース記録によると、この世帯は、息子が失業したことで、母の年金だけでは生活できなくなったため、2009年9月に生活保護を利用していたとのことです。

2010年度のケース記録では、6回の記録が書かれていますが、道生連が開示請求したケース記録は全て墨塗りのために状況は把握できません。ただひとつ分かることは、同年9月から担当ケースワーカーが代わったことです。

2011年の記録によると12月1日に保護課の窓口で「10月末に預金通帳とキャッシュカードを紛失した」との話があり、以来、保護費は窓口支給となっていました。また、2012年2月1日、24日、3月7日に何らかのケース記録がありますが、ここも墨塗りのため判読できない状況にあります。

同年4月5日に母と息子が来庁し保護費の支給を受けていますが、銀行通帳などが紛失したままのため、保護費は窓口支給となりました。この面接時では、「再度、求職活動報告書の提出」を指導しています。

そして、5月30日に家庭訪問をしており、来庁指示と求職活動状況についての資料提出などの指示をしています。

同年8月21日、家庭訪問し、窓口支給になっている5月分からの保護費の受け取りと、継続しての求職活動と求職活動報告書の提出の指導をしています。また、母の体調の確認もしており、問題がないとの報告が記載されています。

9月12日にも家庭訪問がなされ、長期に未受領（5月〜）になっている扶助費を「明日取りに来るよう」にとの来庁指導をし、「稼働にかかわる詳細な面接」は玄関前であるため控えたと記録されています。しかし、息子が来庁することはなかったため、10月5日、係長同席のうえ、家庭訪問がなされています。面談終了後、母親の通帳、印鑑を持参のうえ、一緒に保護課に行くよう係長からも母親を説得したけれども母親はかたくなに拒み、扶助費は未支給のままとなってしまったということです。

その後11月に入って何度か訪問したそうですが、応答がないので「不在状況」とされる中で、この世帯の2人は命をなくし、発見されるという悲惨な結果となりました。

亡くなってしまったため、保護費を受け取りに行かなかった真意は分かりません。近所の話やケース記録から推察されることは、59歳という稼働年齢層にあったため、稼働指導が何らかの要因になっているように思われます。

いずれにしても高齢者の自殺や孤立死などの問題解決には、最後のセーフティネットとしての生活保護法第1条が掲げている憲法25条の精神に則って保護実施がなされているかどうかが大切です。

細川の仕事は生活相談とその中から見えてくる行政による人権侵害との闘いです。

行政による人権侵害を改善させてきたとしてもまた、次に別な問題が起きてきます。安倍政権になってからの生活保護をめぐる改悪は法律そのものをゆがめ、人の心もゆがめていきます。それを許すわけにはいきません。

札幌市においてもこの間、生活保護をめぐって、問題が次々と噴出してきています。

2015年から厚労省は全利用者の審査調査を位置付けました。札幌市は2016年から一斉調査を始めました。その結果、274世帯（約4億円）が停止・廃止されたのです。これだけではなく、将来のために生活保護費をこつこつとためたお金を収入認定した数はこの数倍に上ると推計されます。

停止された世帯は「仕方がない」と、あきらめてしまいがちです。そうしたなかで、札幌市白石区生活と健康を守る会の会員が「何かの時のために」と10年間かけて預金していたお金を収入認定した保護行政を不服として審査請求をしました。約1年かかりましたが、「違法な処分と言うべきかはともかく、不当な処分と言わざるを得ない」と、北海道知事によって白石区の処分が取り消されました。

このほかに過誤支給問題や違法な要否判定などの人権侵害を巡って闘い続けています。細川はさまざまな生活相談を通し、「人間らしく生きるためには、闘う以外に道がない」と話をさせてもらっています。

全生連運動は、社会保障・福祉を憲法はもちろん、さまざまな法律に沿って守り、「貧困からの解放」を掲げた素晴らしい運動です。そして、生活に困難をきたしている人たちの相談を受け、そのなかで、困っている人が制度を利用し、社会を変える運動への一員になってもらうことが大切と思っています。

生活相談員として40年になりますが、これからも命が続く限り、相談員を続けていく決意をしています。と同時に、差別選別の中で生きてきた精神障害者と共に生きることも細川の人生だと強く思っています。

第4章

久美子の青春、暗かった…

——樺太出生、貧困、東京へ家出、自殺未遂、
そして素晴らしい出会いの数々

生まれた町は奪われた

なぜ、「精神障害者の人たちと共に生きていこう」と、細川がここまで強く心に決めたのか、その思いに至るまでの生きざまに触れてみたいと思います。

私が生まれたのは、昔、樺太と言われた今はロシア領土であるサハリンの北緯50度に近い恵須取（現在のウグレゴルスク）という町でした。私には兄がいたのですが、私が生まれて間もない時期に3歳で亡くなったと母から聞かされていました。私にはその記憶がありません。そして、私の下には2歳下の弟がいました。

父と母は、恵須取にあった日本軍の監視場で雑務や兵隊さんたちの食事の世話などしていました。それ以前の父は、東京にいて無産者運動に参加しており、戦前の政治に対する反対の運動にも加わっていたようです。恵須取に来てからは思想的な運動に直接かかわっていたのかどうかは、戦後その話をすることはなかったので分かりませんが、戦後も社会の中で生み出される貧困や差別の問題などに対しては、主義主張は持ち続けていたように思います。

太平洋戦争末期から戦後にかけて我が家には父方の祖母と弟2人も暮らしていました。一番下の弟は、赤紙を受けて戦地へと赴き、もう一人の弟は役場に勤めていたようです。

恵須取で大火があり、暮らしていた家も焼けてしまい、市街地のはずれに建てた家で6人は暮らしました。戦後本土北海道に引き揚げてくるまで、その町で暮らしていた記憶は残っています。

敗戦後間もなく、本土への引き揚げが始まり、叔父と祖母は先に北海道へと引き揚げていったのですが、私たち家族4人には引き揚げ命令がソ連から出ず、北海道への引き揚げは昭和23年9月でした。ですから、ソ連領土となった恵須取で、戦後3年間黒く塗りつぶされた教科書で教育を受けました。

本が好きだった私は絵本を見て育ったものですから、小学校に入学した私は字をそれなりに知っており、学校は楽しいものとなりました。

友だちにはロシア人の子どももたくさんいて、子どもにとって戦争での敵・味方など関係ありません。日本語とロシア語が入り乱れるなかで、日が落ちるまで一緒に遊んだ記憶は今も鮮明に残っています。

我が家には、叔父たちがいなくなった2階の部屋にロシア人の家族が住むようになりました。家族は夫婦と子ども1人、それに夫の母親の家族でしたが、その母親つまりそのおばあちゃんはとても優しい人で、私と弟は「バァブシカー」（おばあちゃん）といつもなついていました。とても優しいロシア人の家族でした。その家族とは戦争がなければ知り合うこともなかったでしょうが、人と人の縁とはどこの国の人であろうと繋がれるものだと、大人になってからも忘れられないものです。そんな繋がりを持てたロシア人家族とも別れなければならない日がやってきました。

１９４８年、いよいよ日本へ帰れる日が訪れ、仲良くなったロシア人家族との別れはとてもつらかったことを今も忘れていません。何の苦労もなく暮らしていたその町を出なければならなかったのは、日本が戦争に負けロシアの領土となってしまい、その島が奪われてしまったからでした。

現在私が平和を守る運動への情熱を持ち続けているのは、あの太平洋戦争で子どもの命までもが奪われていったつらい思いを忘れることがないからだと思っています。

そして、戦争というものは弱い者たちの命を無残に奪ってしまうことを運動の中で深く知りました。精神に障害を持った人たちが錠のかかった部屋に閉じ込められ食べ物もろくに与えられず、命を落としていったことなども知りました。人間としての尊厳のかけらさえも与えられずにきた人たちと一緒に歩いていこう、と心に決めたのでした。

日本への引き揚げのために、恵須取から真岡（現在のホルムスク）までどのようにしてきたのか記憶には残っていませんが、この真岡での滞在も長かったように思います。その真岡で入院する羽目になり、両親は、日本へ渡ることができるのかハラハラしていたと後で聞かされました。体の弱い子だったようです。

鮮明に覚えているのは、船に乗って、函館港に降り立った時のことです。函館の収容所に何日かいました。そこの売店で今まで見たこともない青いリンゴが売られていました。甘酸っぱい匂いの前にず〜と立っていたため、母が1個買ってくれ、弟と2人で食べたことを、リンゴを見るたび思い出します。

貧困ゆえの進学断念と家出

先に日本に渡った叔父たちは三菱美唄の炭鉱長屋に住んでいたため、まずそこへ移動しました。両親と弟は叔母の家に、そして私ひとりが叔父の家に住むことになりました。両親と一緒の家に住めなくとも何もさびしくはありませんでした。本来自立心が強いためか、その環境になじんでいくことがそれほど苦痛ではありませんでした。

そこから小学校へ通学することになりましたが、ソ連領土での新学期は9月でしたので、ほとんど学校に行っておらず、いきなり2学期に入っての転校でした。それでも勉強ができない不便など全く感じることなく、すぐに友だちができました。戦後間もない頃の学校教育はおおらかだったような気がします。

かけ算や割り算の問題を少しずつ叔父から出してもらい、繰り返し九九を覚えていくと、い

第二の故郷紋別市上渚滑町を50年ぶりに訪ねて（2013年6月）

つの間にか算数が大好きな科目になり、その頃から勉強が大好きになっていったような気がします。

4年生の夏に、その美唄市から今は合併して紋別市となった上渚滑村へ転校したのは、父の思いによるものであったようです。子どもはその理由など知る由もなく、炭鉱長屋が林立するにぎやかな街から、引き揚げ者住宅と呼ばれる4軒長屋の一角に、引き揚げてきた時に生まれた妹と5人家族で暮らすことになりました。

道東のオホーツク海に近いこの町に転居してきたのは何のためだったか分かりませんでしたが、1年ほどその長屋で暮らし、父は大工として働いていました。その後、開拓農家として町から2キロほど離れた電気もない場所で高校を卒業するまで暮らしていました。

開拓農家の労働力は家族全員です。学校の授業が終わると飛んで帰って畑に鍬を入れる手伝いをしたり、中学1年生になるとみんなの朝ご飯の支度をするのが日課となりました。それでもつらいと思ったことはありませんでした。

また、そこでの暮らしは、貧困をさほど感じるものではありませんでしたが、学校での部活動などをなかなかやらせてもらえませんでした。読書と演劇が大好きだった私にとってはとてもつらいものでした。それでも学校行事の学芸会の演劇などには、何とか出させてもらうことができ、「夕鶴」のツウを演じるなど、友だちのお母さんたちに褒められたりしたことを今でもよく覚えています。

また、高校での部活動は「話し方研究会」と言われる弁論部に所属し、高校1年生の時に、NHKの「青年の主張」に出て北見地区で優勝し、北海道大会では惜しくも2位になり、その時にいただいた大理石の時計は、今は動いていませんが、私の宝物です。

勉強が大好きだった私にとって高校生活は本当にうれしいものでしたが、冬の通学の道のりは、雪深い道を2キロ以上歩いて、さらに汽車に乗っての通学でした。朝6時には家を出て、帰宅の道は街灯一つない道を雪の明るさを頼りに帰る毎日で、つらいものがありました。

それでもがんばれたのは、学ぶということの嬉しさが何よりも勝っていたように思います。

しかしその後、開拓農家という貧困家庭では大学への進学をあきらめなければなりませんでした。貧困ゆえにということは分かっていても、どれほど私の心を谷底に突き落としていったか、言葉に出さない気持ちは誰にも分かってもらえていなかったように思います。いろいろ問題はありますが、現在のように奨学金制度があったなら、学ぶことへの情熱を断ち切らずに済んだかもと、今でも悔しい思いは捨てきれません。

父は、そんな子どもの思いなど汲み取ろうともせず、毎日焼酎を飲み、反発するような態度をとろうものなら、「出て行け！」と怒鳴ります。私の心は張り裂けそうになっていきました。そんな父の対応に弟はいつも反発し、中学を卒業すると家を出て行ってしまいました。それでも父は歳の離れた妹は可愛かったのか、妹はあまり怒られず、明るく育っていっていたように思います。

私の母は、そんな父に対して文句一つ言わずに、黙々と慣れない農業に子どもを巻き込んで暮らしてきた人でしたから、酒を飲んだ時に狂暴になる父にもまして母に対しても本当に嫌な思いでした。父はアルコール依存症になっていたのではないかと、今では理解ができますが、十代の思春期の子どもには理解することなどできませんでした。

私の子どもの頃は、知らない人と文通をすることがはやっていました。『冒険王』などの雑誌の読者欄には「文通しませんか」の欄があり、私も中学生の頃から何人かと文通をしていました。子どもの頃から詩を書くのが好きでしたので、詩の同人誌を発行していた守男さんという人とも詩を通して文通していました。

現状のつらい思いや夢見るような甘い言葉が自分の心を癒やし、守男さんの言葉を信じて田舎でのくすぶる生活に決別しようと決意したのは、高校を卒業した18歳の夏でした。知人の手助けを借りて一路東京へと旅立ったのです。つまり、家出をしたのでした。親兄弟に何の未練もなく、どれだけ心配するかなども考えられずに…。

青春に疲れて自殺未遂

都会へ出るのだからと化粧品もそれなりに買い揃え、多少の着替えも取り揃えて、夜汽車と函館連絡船を乗り継いで、東京の大田区蒲田の街へたどり着きました。守男さんは蒲田の駅まで迎えに来てくれており、写真で見るより色白で、じっと私を見据えて手を軽く挙げ招いてくれました。あの日のことは今は苦い思い出として心の奥に残っています。

当時としては、何も怖いものなどなくたどり着けたのですから、大した度胸だったと自分にあきれたのは、ずっと後になってからでした。

何日かたって、働こうと思っていたのですが、千葉県銚子市に叔母がいることが分かっていたので、連絡したところ、「とにかく一度おいで」と言うので、電車に乗って訪ねました。いろいろ事情があって、1週間ほどで東京に舞い戻り、いよいよ働き始めました。

いくつかの職場を変わりながら蒲田駅の近くにあるキャバレーでクローク係兼アナウンサーをしました。華やかな香りが漂う中で、自分だけが低収入で生活していることにみじめさを感じていました。知らず知らずのうちに、その水に染まっていくものだということも後々に気づくほど幼稚な自分が存在していました。その頃の私は、何があっても誰にも相談できずに、その日その日を生きていたような気がします。

気が付いたら銀座のはずれのキャバレーで笑顔をつくり、飲めないお酒を飲みながら華やかな世界に自分を置いていたのでした。おしゃべりが好きで、空想する世界を夢見る青春は長くは続かず、本当に望んでいた演劇の世界からも落ちこぼれていました。東京へ出てきたきっかけとなった男性への愛なのか恋なのかも理解することすらできませんでした。そして、眠ることができない時に飲んでいた眠剤を、酒の勢いも借りて胃袋に流し込んだところまでで意識が途絶えていたのでした。

気が付いた時には、白いカーテンがかけられていたベッドの上で目を覚まし、傍に心配そうな母の顔がありました。しかし、涙も出ない自分がいたことも事実で、本当に死にたいと思ったのかどうかさえ分かっていませんが、20歳を過ぎた人生に、ただただ疲れていたことは間違いありませんでした。

退院したその足で母と一緒に3年前に来た道を黙って戻っていく自分に唇をかみしめ、車窓に映る自分の顔を眺めていました。間もなく22歳になる青春の顔は消えうせ、涙も枯れて疲れ果てた女の顔がそこにあったような気がします。

その後、紋別市にある旅館に預けられ、少しずつ心も癒され、3年間ほどいた後、もともとあったのかもしれない放浪癖と若さゆえの行動だったか今でも分かりませんが、いくつかの街を渡り歩いて札幌にたどり着きました。

てっとり早く生活費を稼ぐには、夜の仕事が一番でした。その中でうそにうそを塗り固めるような会話を重ねながら生きることは全く苦になりませんでした。そして、そこで知り合った男性から求婚され、主婦となるのも悪くないかもしれないと結婚し、一時は幸せな生活を送っていました。

しかし、二度の流産をしてしまいました。その時の主治医に、「赤ちゃんというのは幸せになれないと思ったこの世には生を受けない、という神秘的なものです」と言われました。科学が発達したこの時代にそんなことがあるのかと聞き流していましたが、7年後にその生活も壊れてしまいました。

支えあう人生が生きる力に

一度歯車がくるってしまうとなかなか元に戻れない自分に歯がゆさを感じながら、30歳を過ぎた頃には酒を売ることを本業にしようと決意し、スナックを経営する中で7歳年下だった細川という男性と巡り合い、結婚し、そこから自分の人生を180度転換したと思っています。

一度結婚に失敗した、しかも7歳も年上の女と結婚する、ということに彼の家族の反対は当然だと思っていました。ですから結婚式をすぐにあげずに1年間の同棲生活をするなかで、彼の両親は可愛い末っ子の思いを汲んでくれて一緒に食事をしたりしながら交流を深めていきました。しかし、そうした生活をしているなかで、60歳という若さで義母が他界しました。一時は義父と暮らしていましたが、義父が再婚をすることになり、2人だけの生活が始まりました。

その頃、パートで働いていた商店で勧められた「生活と健康を守る会」にかかわり、社会変革の運動をする道に進んでいったわけですが、夫はそんな私の生きざまを黙って見てくれていました。

その後、1978年9月、北海道生活と健康を守る会連合会の専従となり、会計の仕事をしながら生活相談員として活動していました。専従は会長と事務局長と細川の3人で、しかも、

奈津美が小学校入学の時（道生連事務所の前で。
右が筆者、左は三浦道生連会長。1998 年 4 月）

「貧困からの解放」を求めての運動の中で、専従の家族とも親しくなっていくのは当然でした。

事務局長の妹さんとも親しくなり何かと相談を受けていました。その妹さんが19歳で結婚して女の子「奈津美」（仮称）を出産しましたが、1年を過ぎた頃から家庭生活が上手くいかずに離婚してしまいました。生活のためにとスナックで週3回のアルバイトに出たのをきっかけにその奈津美を夜だけ預かることになりました。細川はいつの間にか奈津美の母親代わりをしており、奈津美はだんだん母親よりも細川を選ぶようになっていったのでした。

2歳6か月を過ぎた頃には、我が家で暮らすようになり、保育所へ入所申請もして毎日保育所へ送って行き、夕方のお迎えは母に頼んだりしながら我が家の子どもとして暮らしました。小学校4年時に奈津美の実母から「再婚するので子どもの籍を移してほしい」と言われ、その頃我が家は私の両親と母子家庭の妹家族の6人でした。その6人で話し合い、奈津美は細川家の子どもとして養女となりました。

その頃夫は、下咽頭ガンに侵され、入退院を繰り返す病気療養中でしたが、私は母や妹の助けもあり、仕事も休まずに相変わらず生活相談に明け暮れていました。夫の優しさに見守られながら30年を超える夫との生活の中で子どももすくすくと育っていました。しかし、夫は家族が見守る中で２００６年8月に静かに眠るようにこの世を去ってしまいました。

考えてみると青春が灰色になっていったのは、学びたい心を貧困が阻んでしまったことが大きな要因です。人間としてどう生きていくかの岐路に立たされた時に、貧困が人の人生を左右するということを、社会保障・福祉を守る運動に立ったがゆえに知ることができました。世の中を変えたいと心の底から思えることが今もって全生連運動に携わっていられる力だと、心の底から思っています。

ですから奈津美が米国の大学で学びたいと言った時に、何も残してやれないのだからせめて好きな勉強だけはさせてやりたいと思い、4年間学ばせるためにがんばりました。

おかげで無事卒業し、現在は東京で働いていますが、時々休みには帰ってきて、疲れた細川の心をいやしてくれています。

「血のつながりは水よりも濃し」と言われますが、細川を必要とする人たちはたとえ血のつながりがなくても心が通じ合った家族だと、細川は思っています。

終章

命ある限り、精神に障害を持つ人たちとともに

――「人間らしく生きたい」の願いを根っこに据えて

支援する会結成から20年を超えて

精神障害者を支援する会を立ち上げて、今年で23年を迎えました。支援する会の活動や利用者・支援者の動きなどを残そうと会報誌『こころから』を２００1年から発行してきました。20周年を迎えた時にこの『こころから』に寄せられた当初から結びついてきた6人の人たちの思いは、多くの人たちに感動を与えています。

その利用者の思いを以下に紹介します。

木崎 直生

「支援する会」ができて、20年経ったと聞き、ビックリしている。僕は41歳になり、自分の半生期をここでお世話になったと気づかずにいたからだ。

僕は両親に大切に育てられ、優しい妹もいるが、中学生の時に悲惨なイジメに遭い、心はドライだった。毎朝、カーテンを閉めて、「さだまさし」のレコードを一曲聞いて心を落ち着かせ、通学していた。居場所を求めてフリースクールや精神病院を転々とした。僕の暮らしは荒れ果て、自分の力では生きていくことができないと分かっていた。この日本に自分の居場所は全く見つからなかった。細川さんと道生連の人に出会い、できたばかりの共同住居に入った。地獄のふちを歩いてきた仲間ゆえ、皆優しかった。やっと居場所ができた。

細川さんから、これまで共同住居をつくってきた話を聞いた。大変な苦労と命がけの優しさの連続だったと思う。僕を理解し支援してくれた多くの関係者の方々に、この場を借りて感謝したい。

村上　久美子

1996年、私は旭川でひとり暮らしをしており、入退院を繰り返していました。「お前を残しては死にきれない」と私の将来を心配していた母は、北海道新聞で「札幌に女性のグループホーム若根荘ができた」という記事を見てすぐに札幌に出かけ、細川さんと会い、入居を決めてきました。母は細川さんという人を信じたのです。

1996年12月24日に若根荘に引越し。細川さんが「久美ちゃん、早く片付けないと寝る所ができないよ」と言いながら片付けを手伝ってくれ、三浦さんと佐藤さんが冷蔵庫を部屋に運んでくれました。三浦メンタルクリニックにも助けてもらいました。

私は母の敷いた線路の上を歩いて来ました。母は亡くなり、若根荘に入ってなかった

支援する会の会報『こころから』

精神障害者を支援する会 20 周年祝賀会
(2016 年 11 月、札幌ホテルヤマチで)

ら今の自分はなかったと思います。「自分のできる事は率先してするように」との母の教えを守り、生活のリズムを崩さないよう気を付けながら若根荘で暮らしていきたいと思います。

阿部　幸一

今年12月に78歳になります。19歳から約25年間入院をしました。初めに入院した病院では、看護師の代わりに働いたり、草取りもしていましたが、とても辛くて病院から逃げ出しました。脱走して3日目に自衛隊員と警察に見つけられて、別の病院に入院しました。

入院先から通っていたすみれ共同作業所で、細川さんと出会いました。退院先のなかった僕に、細川さんが「グループホームに入らないか」と声をかけてくれて、やっと退院できました。

グループホームではよく喧嘩をしました。僕が、いきり立って職員さんに殴りかかった事もあるし（でも、決して女性の職員さんには手を挙げませんでした）、調子の悪いメンバーが殴りかかってきた事もあります。そういう時は、三浦理事長や職員さんが泊まりに来てくれました。細川さんと会っていなかったら、僕は今頃一人ぼっちで死んでいた

だろうと思います。会えて本当に良かったです。（阿部さんは2018年1月に死亡）

阿部　嗣博

当時入院していた僕を、弟と細川さんが迎えに来てくれた。退院してグループホームマゼルに入居した。初めは退院できて嬉しかったけど、人と会うのが苦手だった僕は、グループホームでの生活になかなかなじめなかった。

僕の後に入居してきた嶋田さんが、僕の部屋にみかんを1個持って遊びに来るようになり仲良くなった。嶋田さんが僕を街のあちこちに連れ出してくれるようになり、うれしかった。糖尿病が悪化して内科に1年間入院し、別のグループホームに移る事になった。それが今住んでいる、グループハウス結だ。

以前は家から出たくなかった僕だが、グループホームに入居し嶋田さんと出会い、用事がある時は一人で出かけられる様になった。感謝している。

今は、グループホーム生活も体調も安定している。支援する会につながる事ができて良かった。（嗣博さんは、2017年10月、グループホームの自分の部屋で突然死し、私たちの手で最期を見送りました）

小西　やえ子

私は10年以上も入院したままでした。院長先生が、若根荘まで一緒に来て頼んでくれました。知り合いでもなんでもないのに、細川さんが私を認めてくれて入居できたのがうれしかった。その時、若根荘は８人が入居していて、みんなでオムライスやカレーライスなど食事づくりをしたのが楽しい思い出です。

どこにも帰れない私たちのために、毎年大晦日に「年越し会」をやってくれました。元旦にはお雑煮・煮しめでお正月が来ました。お年玉に財布やカーディガンやマフラーなどもらいました。すごくうれしかった。

25年ぶりに娘が千葉県から訪ねてきて、支援する会で対面しました。娘は、まず最初に「お母さん、産んでくれてありがとう」と言ってくれました。すごくうれしかった。その後毎年、年賀状で娘や孫の成長ぶりもわかって、生きている楽しみがあります。

これからも若根荘でみんなと仲良くすごしていきたいです。

堀田　美千子

おめでとうございます。20年を共に歩んで、来し方を振り返りますと、様々な事が思

豆まきです。お福と鬼と年男女メンバーと共に（筆者、前列中央））

い起こされます。

「家族のように生きようね」。そんな優しい温かさの中、「私のような障害者でも生きていて良いんだ」と思った日々。新しくオレンジ色の三階建てのビルを建ててくれて、うれしさに、指折り数えて待った日々。ビルの完成を見た日の喜び。亡くなった仲間を皆で送った日。年越しの日のおせち料理の美味しかった事。だんだん大がかりになるクリスマス会。私がボランティアを出来なくなっても、うれしい時も悲しい時も、細川さんも理事長も、皆いてくれましたよね。

そんな中、私も生活保護改悪での集団訴訟「新・人間裁判」の原告になった事。「支援する会」は、私の生活の中にしっかりと組み込まれていて、なくてはならぬ存在となりました。今、思います。これからも障害者も支援者も、皆で力を合わせて、新たな未来を皆の手で切り開いて行きましょう。

支援する会を立ち上げて20年を迎え、かかわっていただいた方々を招いてささやかな「祝う会」を開きました。

仕事の上でも、家庭の中でも必死に生きてくることができたのは支えてくれた仲間がいたからです。夫の看病に疲れた時も、全生連運動で出張した時も仲間が家族のようにかかわってくれたから充実した生活を送ってこられたと思っています。

だからこそ、ひと口では語り尽くせないみんなの生きざまの中で、「みんなで幸せに生きたい」との思いに沿って、生きてくることができました。

まだまだ山積する課題が

障害を持った人たちの様々な生きる思いが要求となって私たちに向けられています。

そして、高齢化してきた利用者が障害と同時に様々な病気にかかり、グループホームで暮らすことができなくなり、私たちの許から離れて行かなければならない状況があります。とてもつらいものを感じずにはいられません。そうした人たちと最後まで一緒に暮らすためにはどうしたらいいのか、新たな課題に遭遇しています。

グループホームで暮らしているたばことコーヒーが大好きな稔さんは今年78歳になります。数年前に心臓病を患い、ペースメーカーを挿入して生活してきました。半年に1回の検診で食道と心臓などに腫瘍が見つかり、入院して検査を受けたところ、リンパにも転移しているガンと分かりました。

名寄のお姉さんに連絡をしたところ、「私も体を悪くして何とか生活しています。お任せしますので、何かあったら連絡ください」とのことです。「今後どうしていこうか」と、担当スタッフも交えて話し合いました。

担当してくれた先生は、「家族がいて、帰る場所があるなら、手術も考えられますが、グループホームにいるのならそうすることもできないでしょう。このまま必要なお薬だけを出して、様子を見ることもできます。その場合、1年ぐらいたつと吐き気など出てきたりしますので、そうなった時に終末ケアの態勢をとることができます」と言います。

私たちのグループホームは、泊まり込みの支援員がいるようなシステムにはなっていません。そのため自分の命の見通しを聞いていた稔さんは動揺し、絶対飲まなければならない薬さえも飲むことを忘れてしまい、精神状態を悪化させてきています。その状態を直視しながらそこに対応する支援員は必死にかかわっているのですが、２０１８年5月、買い物していたお店で胸が苦しくなり、救急車で搬送され、そのまま入院となってしまいました。

その数日前、姉夫婦が息子さんの運転する車で、稔さんに会いに来たのです。ほんの少しの時間でしたが、稔さんは会えたことをとても喜んでいました。

いずれにしても、支援する会のグループホームで暮らしている人も、地域に住んでいて支援している人たちの中にも、家族と縁遠い人たちが多くおり、とてもつらいものを感じます。

働いているスタッフの身分保障も大事な課題です。国からの補助金で運営しているのですが、しかし、補助金は削減される傾向にあります。グループホームに対する国の考え方が変化することで、以前は保障されていた補助金は削減されます。

土・日は働く人たちは休みになります。すると訪問しないのだから補助金は出さない、となりました。しかし、休みであっても何かあると電話でやり取りをしたり、稔さんのような場合は必ず電話をかけて対応しているのですが、それは訪問して対応していないから駄目だということになっているのです。

補助金を減らさないためには出勤の態勢をとる以外にないのです。それを条件に雇用するわけですが、それだけではありません。特に精神障害者はちょっとしたことで心が揺れ、入院をすることになります。これも補助金の対象から外されてしまいます。入院したからと言って病院任せにするわけではありませんが、病院へ面会に行かなければ補助金の対象にならないのです。

利用者との契約では「3か月以上入院した場合は、入所契約を解除できる」となっていますが、その規定どおりにできるものではありません。心寄せ合って支援する会のグループホームを利用しているのですから、何とか1日も早い退院を願って面会を繰り返し、外出の送迎などをしながら、つながりを持ち続けているのです。

社会保障制度改悪と私たちの闘い

憲法を暮らしの中に取り入れていかなければならないと、今、あらためて強く感じています。

生活保護制度の改悪は、社会保障制度改革推進法（2012年）に先んじて2013年8月から3年間にわたっておこなわれました。生活扶助費が切り下げられ、2015年度には冬季加算も削減され、住宅扶助費など合わせると890億円も引き下げられました。そのために全国で1000人を超える人たちが裁判に訴えています。支援する会の利用者も24人がその裁判に加わって闘っています。

この生活保護をめぐる裁判が進行しているなか、2018年10月から、さらに180億円も削減することを安倍内閣は決めました。憲法25条が掲げている「人間らしく生きる」権利を奪うものになっています。

また、2015年9月には厚労省の「新たな時代に対応した福祉の提供ビジョン」の中で、高齢者・障害者・子ども・生活困窮者を丸ごと支援する包括的なシステムが示されました。翌年には「ニッポン一億総活躍プラン」が閣議決定され、子ども・高齢者・障害者など全ての人びとが地域、暮らし、生きがいを共に創り高め合うことができる「地域共生社会を実現する」と喧伝されました。そして、その実施のために「我が事・丸ごと」地域共生社会実現本部が設置され、「地域包括ケアシステム法」（2017年）が施行されました。

とても耳触りの良い言葉で国民を愚弄していますが、障害者問題を厚労省交渉で追及すると、「社会保障制度を改革しなければ財源が立ちいかなくなるため」と厚労省は平然と言っています。しかし、こうしたなかで軍事費だけが突出しています。そして、安倍政権は戦争する国づくりのために憲法を変えようとさえしています。

こうした政治の流れの中で、2016年4月に「障害者差別解消法」が施行されました。この法律は全ての障害者の願いでした。法律ができたからと言ってすぐに社会全体が変わるなどと思っていません。2年が経過しましたが、障害者への差別はどれだけ解消されたでしょうか。視覚障害者の人が駅のホームから転落して命を失くす事故も、相変わらず度々起こっています。

25条大集会（2015年10月28日、日比谷野外音楽堂。前列が北海道の参加者）

また、障害者総合支援法では「三障害一元」と法律によって決められていますが、それぞれの障害を持った人たちの暮らしへの支援施策の中で、精神障害者への差別を見逃すことはできません。

北海道が施行している「重度障害者医療助成制度」は一定の所得制限がありますが、重度の身体障害者と知的障害者の病院での医療費は無償です（初診時一部負担あり）。しかし、精神障害者の場合は1級の通院のみとなっています。

障害者の交通費助成制度も同様に精神障害者だけが差別されています。精神障害者を先頭に私たちは、この差別をなくそうと毎年毎年、国や自治体に訴え続けています。

札幌市では「精神障害者にも交通費助成制度を実現してください」と精神障害者自らが街頭に立って寒い日も暑い日も訴え続けてきました。その実現のための市民の方たちの署名を携えて札幌市と話し合ってきました。その思いは4年半かけてほんの少しだけですが、２００２年4月に実現しました。重度の1、2級の人には福祉パスが支給されました。しかし、３級の人は一部助成にとどまりました。しかも、福祉割引もされないウィズユーカードだったのです。

その差別をなくす闘いに15年以上費やしてきましたが、ようやく２０１９（平成31）年度から実現することが決まりました。精神の障害の差別と闘いながら、「あきらめずに闘う」ことでみんなの確信になってきています。支援する会の仲間も一緒に参加し、声を上げてきました。その姿はとても凛々しいものです。

日本国憲法改悪を叫んでいる安倍政権の下で、２０１５年10月28日、「私たちも人間らしく生きたい」と願う障害者を先頭に「憲法25条を守ろう」と東京都日比谷野外公園に全国からたくさんの人たちが集まってきました。北海道からも障害者、弁護士など28人が参加しました。

その「憲法25条を守ろう」大集会の呼びかけ文は以下です。

人間らしく生きたい―まもろう憲法25条

「解釈改憲」は憲法9条だけの問題ではありません。

実は今、生存権保障をうたう憲法25条も骨抜きにされつつあります。自己責任を強調する社会保障制度改革推進法が2012年に成立して以来、医療、介護、年金等すべての分野で削減がおし進められているのです。

その突破口とされた生活保護制度では、老齢加算の廃止、生活費や住宅費などの引き下げが相次いでいます。くらしの最低ラインである生活保護の引き下げは、すべての人の「健康で文化的な最低限度の生活」レベルの引き下げを意味します。

このまま黙っているわけにはいきません。誰もが社会から排除されることなく、人間らしく生きることのできる社会保障制度を求めて、集い、つながり、そして声をあげましょう。

画期的な集会でした。初めての「25条を守る集会」はみんなの心に闘う火を赤々と燃やしたと思っています。その呼びかけの精神を私たち支援する会の利用者もスタッフもしっかりと受け止め、地元札幌の大通公園での「生活保護引き下げ止めて」、「憲法を守る署名行動」などの行動を繰り広げています。

最後に

支援する会の20周年の集いに参加した方たちに、ささやかな贈り物をしました。その中の一つとして短歌を差し上げました。

助けての　声に応えて　20年
年を重ねて　心あらたに

多くの障害者の命とくらしを守るために多くの人たちの支援を受けながら、精神障害者を支援する会結成から今日を迎えています。最近の生活相談は大変複雑になっています。一人の相談に何度も話を聞いて、その解決の糸口を見つけて一緒に歩かなければ解決できないことがしばしばです。特に、心が病んで一人では動けない相談が多くなっています。こうした人たちの相談窓口がほとんどない中で、生活と健康を守る会が地域での相談窓口になっていることは言うまでもありません。

その相談の中から結びついた障害者の「助けて」の声。暗かった障害者が日増しに明るさを取り戻し、生きていることを実感できる毎日です。

居場所を広げたはずなのに、すぐに狭くなって、昼時は満員電車のような混雑の中で語り、食し、笑いがあふれる毎日を過ごしています。この場は安心と安全の居場所です。

「命ある限り障害者と共に生きる」…。

この思いを多くの人たちに話しています。人の命は限られています。残された私の人生は障害者と共に生きることです。

しかし、一人でできることではありません。支えてくれる仲間、そして今まで支えてくれた人々に感謝しながら毎日をみんなと一緒に生きていく決意です。

あとがき

２０１８年1月、20年間「グループホームマゼル」で暮らしてきた幸ちゃんが突然亡くなりました。午後5時30分にマゼルから電話があり、駆けつけた時には呼吸が止まっており、すぐに救急車を呼び、札幌市立病院に搬送しました。蘇生の結果、心臓は動いたものの、次の日を待たずして生涯を閉じました。79歳でした。

幸ちゃんはその日もいつものように「ダリアの郷」（日中活動の通所施設）に来ていたのですが、夕食を摂ろうとした際に「具合が悪い」と言って部屋に戻り、そして、わずか数十分後のことでした。

幸ちゃんには身内はおらず、25年間も精神科病院に入院生活をしていました。そして、「グループホームでなら暮らせるでしょう」と主治医に言われ、「グループホームマゼル」に入居し、晴れて地域での社会生活を営むことができることになりました。

仲間と共に生きてきた幸ちゃんです。幸ちゃんはひとりぼっちでひっそりと命を落とす孤独死にはならずにすみました。それはグループホームというお家があった故だと、筆者細川はせめてもの慰めにしています。

当事者をはじめ多くの支援者の要求によって制度化されてきたグループホームの位置づけにはいろいろと問題はあります。しかし、一人で暮らせない障害者にとっては、「家」で生きることができる貴重な住まいとなっています。

また、親亡き後の暮らしの場として元気なうちに親から独立して暮らしていくことができ、皆が家族のように暮らすことができる場がグループホームです。

近年、家族の絆が希薄になり、弱い立場にいる者が軽視される社会の風潮もあります。そのようななかで、人間性を取り戻して助け合いながら生きていく、また少しでも人のために何かをしたいと思えるようになっていく、そのような人間本来の生き方がグループホームの中で生まれ、育まれていくと実感しています。

そのような人たちに寄り添って一緒に生きることに心を砕いてここまでこられたのは、多くの仲間がいたからです。

生活と健康を守る会の「貧困からの解放」を掲げた壮大なロマンを持った理念に魅せられて、細川は今日まで活動を続けてこられました。それは三浦誠一会長をはじめ、一緒に運動してきた仲間がいたからだと確信しています。そして、これからもこのような生き方を全うしていく生涯でありたいと心に決めています。

同じ方向を向き、陰にひなたに懸命に働いてくれている職員に実に大きく支えられてきたことは言うでもありません。利用者に寄り添う職員の姿にいつも励まされてきました。

そして、社会保障の何たるか、どう闘うのかを教えてくれ、親しくお付き合いをさせていただいてきた井上英夫先生（金沢大学名誉教授）には心から感謝しています。

また、私たちの組織「精神障害者を支援する会」が「きょうされん」という障害者の人権を守る組織の一団体となったこともあり、何度かお呼びしての学習や時には一緒に酒を酌み交わすほど親しくしていただいている藤井克徳きょうされん専務理事。藤井さんは視覚障害を持ちながら障害者運動の先頭に立っていらっしゃいます。藤井さんの生き方を、細川は心から受け止め、「精神障害者を支援する会」の活動の支えとしてきました。藤井さんに深く感謝しています。

細川は、1977年に「生活と健康を守る会に入りませんか」と誘われていなければ、ただの家庭の主婦として一生を終えたかもしれません。人の人生はちょっとしたことで変わるものだということを多くの人に知っていただきたいと、今まで封印してきた細川の私的な過去にも触れることにしました。

現在、貧困と格差がますます広がっています。当たり前ですが、貧困は罪悪では決してありません。生活に苦しんでいる人たちの生きる実態を通して、社会保障制度の拡充を国や自治体に要求していくことのできる仲間づくりも大切です。当事者と共に仲間を広げていきたいと、心に誓っています。

最後に、本書を出版するにあたって言葉では言い表せないほどお世話になったあけび書房の久保則之代表には心から感謝申し上げます。

２０１８年８月

細川　久美子

年月	細川略歴・活動歴	会や施設の歴史
1939年 9 月	樺太・恵須取で出生	
1948年 9 月	北海道美唄市へ移住し、その後、紋別郡上渚滑村（現・紋別市）に移住	
1954年11月		全国生活と健康を守る会連合会結成
1956年10月	ＮＨＫ主催第２回青年の主張出場。北見地区大会第１位、北海道大会第２位に	
1970年 9 月		精神障害者回復者クラブすみれ会発足
1977年 7 月	札幌東部生活と健康を守る会へ入会	
1978年 6 月	札幌西区生活と健康を守る会事務局長。生活相談員活動始まる	
9 月	北海道生活と健康を守る会連合会事務局次長	
1980年 9 月	全国生活と健康を守る会連合会全国理事	
1981年		国際障害者年
6 月		障害者の生活と権利を守る北海道連絡協議会結成
1983年10月		北海道精神障害者回復者クラブ連合会発足
1990年 6 月		札幌南区に共同住居「若樹荘」開設
1992年度		北海道での「精精神障害者共同住居運営事業」始まる
1992年 6 月	障害者の生活と権利を守る北海道連絡協議会会長（～2002年。現在相談役）	

9 月	全国生活と健康を守る会連合会全国常任理事	
10 月		北海道身体障害者団体定期刊行物協会発行人（ＨＳＫ）認可受ける（初めての認可は 1973 年 1 月 13 日）
1994 年 6 月	北海道生活と健康を守る会連合会事務局副会長	
1995 年 2 月	北海道社会保障推進協議会事務局次長	
1996 年 6 月	精神障害者を支援する会結成。運営委員に	精神障害者共同住居運営事業・共同住居「若根荘」を開設。2006 年に共同生活援助事業の指定を受け、現在 5 か所のグループホームのサービス管理責任者を務める
1997 年 7 月		共同住居「マゼルなかかぎ」を開設（現在の「グループホームマゼル」）
1999 年度		札幌市西区主催による精神障害者の保健・福祉サービスの円滑と社会復帰自立および社会参加の促進を図ることを目的に年 1 回の交流が始まる
1999 年 11 月		共同住居「法ハウス」を開設（2002 年移転し、名称「グループハウス結」として再スタート）
2000 年 7 月	全国生活と健康を守る会連合会副会長（～2012 年）	
7 月	NPO 法人「精神障害者を支援する会」設立。専務理事	

2001年3月		地域活動支援センター「ダリアの郷」開設。所長として兼務
10月		「共同作業所HAPPY」開設
2002年4月		精神障害者社会適応訓練事業（職親）事業を開始
2004年10月		4人の女性専用共同住居「マザーハウスぽぷら」を開設
2006年4月		障害者自立支援法施行
2007年5月	西区地区精神保健福祉連絡会結成、初代会長に（2018年4月閉会）	
10月		生存権裁判を支援する北海道の会結成
2010年11月		精神障害者を支援する会の会館完成
2011年10月		5人の男性専用「グループホームひなた」を開設
2013年4月		障害者総合支援法施行
5月	札幌厚別生活と健康を守る会会長（～2016年。現在相談役）	
2015年1月	北海道平和婦人会会長（3年間会長を務め、併せて日本婦人団体連合会副会長も）	
2017年9月	「きょうされん第40回全国大会in北海道」副実行委員長	

細川久美子（ほそかわくみこ）

1939年、樺太恵須取に生まれる。

1977年、北海道生活と健康を守る会連合会に入会。その後、専従役員として生活相談を中心に活動し、今年40年を迎える。

1992年以降、HSK・北海道障害者団体定期刊行物協会発行人として元郵政局（現在の郵便株式会社北海道支社）より障害者第3種郵便の認可を受ける。現在、140団体が加盟し、郵送冊子の発行に努める。

また、NPO法人を立ち上げ、精神障害者を中心とした障害者の支援活動をしながら、全国生活と健康を守る会連合会発行『生活と健康』誌や全国労働組合総連合（全労連）、中央社会保障推進協議会（中央社保協）などの発行誌紙に社会保障の現状と闘いなど執筆。

現在、北海道社会保障推進協議会発行『笑顔でくらしたい』に「久美子の相談室」を連載執筆中。

精神障害者とともに生きる

2018年 9 月 1 日　第1刷発行

著　者——細川久美子
発行者——久保　則之
発行所——あけび書房株式会社
102-0073　東京都千代田区九段北1-9-5
☎03-3234-2571　Fax 03-3234-2609
akebi@s.email.ne.jp　http://www.akebi.co.jp

組版・印刷・製本／モリモト印刷

ISBN978-4-87154-160-2 C0095